rororo

Unter jedem Dach ein Ach. Das ist eine der wahrsten Plattitüden, die mir je begegnet sind. Wir struggeln alle. Besser, wir tun es zusammen. In diesem Sinne also: «Hallo, mein Name ist Marlene, und ich habe furchtbare Angst, die ganze Mamasache zu verkacken. Wollen wir Freundinnen sein?»

Marlene Hellene

Ich liebe Meine Kinder ~~machen mich fertig~~

Muttergefühle von Hach bis Ach

Rowohlt Taschenbuch Verlag

4. Auflage Juli 2026

Originalausgabe
Veröffentlicht im Rowohlt Taschenbuch Verlag,
Rowohlt Verlag GmbH, Kirchenallee 19, 20099 Hamburg,
Februar 2024

Covergestaltung zero-media.net, München
Coverabbildung und Illustrationen FinePic®, München
Satz aus der Meno Text bei Dörlemann Satz, Lemförde
Druck und Bindung CPI books GmbH, Leck
ISBN 978-3-499-01313-3

Kontaktadresse nach EU-Produktsicherheitsverordnung:
produktsicherheit@rowohlt.de

Inhalt

I am your parent,
you are my child.
I am your quiet place,
you are my wild.

MARYANN CUSIMANO

Vorwort

Mut|ter|ge|fühl, das
Wortart: Substantiv, Neutrum
Bedeutung: von einer Mutter ihrem Kind entgegengebrachtes Gefühl der Zuwendung, Fürsorglichkeit o. Ä.

Aha! Das sagt also der Duden zum Thema Muttergefühle. Ein wenig spärlich, mein Freund, oder?! Ein bisschen einseitig und unvollständig? So ganz ohne Gänsehaut, Tränenlachen und Herzklopfen. Wo sind die Wutanfälle aus der Hölle, die Nerven aus Nylon und die Müdigkeit, die einem unerbittlich die Augenlider nach unten tackert? Kein Wort zu Mental Overload und dreckigen Gummistiefeln, zur Transformation von Partymaus in Mamatier oder heimlichen Tränen auf der Raststättentoilette, nachdem das Kind Linseneintopf ins neue Auto gekotzt hat. Wo sind die Aufs und Abs? Wo die Gefühlsachterbahn, das schlechte Gewissen und die Verunsicherung über nachgeburtliche Körperformen? Warum erzählst du nichts über die schlimme Angst, wenn das Herz plötzlich außerhalb des eigenen Körpers wohnt und sich das erste Mal mutterseelenallein auf den Weg zur Schule macht? Wieso verschweigst du, wie qualvoll manchmal alles ist und zeitgleich so wunderschön, dass man glaubt, gleich aus der eigenen Haut zu platzen vor Glück? Kein Mucks zu den ganzen Plänen, die sich ständig über Bord machen, und dem großen Vermissen von sich selbst und wenigstens drei Minuten Ruhe im Bad, verdammt noch mal?

Muttergefühle sind mehr als ein Satz. Muttergefühle sind ein Regenbogen an Emotionen. Manchmal wolkenverhangen, manchmal bunt und sonnenbestrahlt. Sie sind komplex und schön und schlimm. Sie nehmen einen mit auf eine ganz besondere Reise, gespickt mit kleinen Hürden und großen Überraschungen, aber immer vollgepackt mit ganz viel Liebe. Und weil der Duden bei diesem Thema so kläglich versagt hat, lade ich euch ein, mich zu begleiten auf den wilden Ritt durch die mütterliche Gefühlswelt. Also anschnallen und festhalten. Es wird lustig, es wird ehrlich, manchmal tut es ein klitzekleines bisschen weh, und am Ende liegen wir uns alle in den Armen.

Das schlechte Gewissen

~~IM REINEN~~

Auf der Suche nach Muttergefühlen trifft man sofort und fast ausschließlich auf eines: die Mutterliebe. Über sie wollen alle sprechen, da weiß jeder was. Dieses Gefühl assoziiert sich von alleine mit dem Begriff Mutter. Automatisch. Als das erste, das größte, das allumfassendste aller Gefühle. Mutter und Liebe sind fest verankert in einem Wort. Untrennbar. Für immer vereint. Sie sind also nicht mehr zwei, sondern eins. Was aber Gott verbunden hat, das darf der Mensch nicht trennen. Halt, Moment! Jetzt ist mir das Thema etwas entglitten. Aber ihr versteht schon. Mutterliebe – ganz großes Ding! Finde ich schon auch. Aber nicht an dieser Stelle. Hier will ich auf ein anderes Gefühl eingehen. Eines, das mit Mutterschaft mindestens genauso fest verheiratet, verpartnert oder verkettet ist wie die Liebe. Nur, dass es deutlich weniger populär ist. Trotzdem gehört es auf Platz eins der Bestenliste.

Als ich vor vielen Jahren das erste Mal die beiden blauen Striche auf einem sehnlichst herbeigehibbelten positiven Schwangerschaftstest bewundern durfte, war ich überwältigt. Ich war aufgeregt. Ich hüpfte duracellhasenmäßig durch die Gegend, als hätte ich bei Günther Jauch die Millionenfrage richtig beantwortet. Ohne Joker. Aber das erste richtige Gefühl, das ich dem klitzekleinen Zellhaufen, der mal mein Kind werden sollte, gegenüber empfand, war nicht Liebe, es war ein anderes.

Tausend Fragen und Befürchtungen quälten mich. Hatte ich mich in den letzten Tagen, bevor ich von meiner neuen Existenz als Quasimutter erfahren habe, überhaupt schwangerenkonform verhalten? Habe ich gut genug auf mich geachtet? Ausreichend geschlafen, Stress vermieden und klassische Musik gehört? Was habe ich eigentlich gegessen, und OH GOTT, was ist mit dem Glas Sekt bei Julias Geburtstag? Habe ich mein Kind etwa schon vergiftet? Und stand neben mir nicht Kai und hat eine Zigarette geraucht? Hätte ich ihm postwendend eine Plastiktüte über Kopf und Glimmstängel ziehen müssen? Was habe ich mir nur gedacht? Ich habe ja alles falsch gemacht! Vielleicht habe ich nicht mal im richtigen Takt geatmet. Habe ich überhaupt geatmet?

Und während ich mir noch selbst den Puls fühlte und mein Herz leicht im Takt zu *Stayin' Alive* massierte, steckte ich direkt bis zum Hals in meinem allerersten Muttergefühl: dem schlechten Gewissen. Hallo erst mal! Da war es also. Nicht bestellt und trotzdem gekommen, um zu bleiben.

Ich kenne kaum eine Mutter, die es nicht kennt. An der es sich nicht festgebissen hat. Die nicht davon befallen ist. Und, und das ist das Miese daran, die nicht darunter leidet.

Laut der Psychologin Isabel Huttarsch ist ein schlechtes Gewissen von der Natur durchaus gewollt: «Das schlechte Gewissen oder die Schuldgefühle, die Mamas plagen, sind etwas total Normales und auch eine sinnvolle Emotion. Sie wollen, dass wir dahin schauen, wo es wehtut und ob wir etwas verändern oder besser machen können.»[1]

Okay, verstehe. Das macht in gewisser Hinsicht Sinn. Auch wenn ich es widerwillig und mit grummeligem Ton zugebe. Aber lasst uns nicht vergessen, dass die Natur auch Stechmücken gewollt hat. Und Zecken. Oder Ohrenkneifer, die einem nachts in die Ohren krabbeln und das Gehirn aufessen. Nur weil etwas «von Natur aus Sinn macht», kann ich es doch trotzdem saublöd finden. Oder? Weil es mein Blut trinkt oder mein Gehirn frisst. Oder weil es mich leiden lässt und mein Selbst einschränkt. Weil es eine fiese kleine Stimme in meinen Kopf sperrt, die mir zuflüstert, dass ich nicht gut genug bin. Nicht ausreiche. Alles falsch mache. Zu wenig da bin. Zu viel glucke. Zu inkonsequent bin oder zu streng. Zu wenig koche, backe und putze. Zu viel Medienkonsum zulasse und zu wenig auf Matheüben bestehe. Zu oft schreie und zu wenig Traumreisen veranstalte. Zu oft wegfahre und zu wenig schnitzeljage. Zu oft keinen Bock auf Lego habe und zu wenig Bügelperlenbilder kreiere. Zu oft «später» sage und «nie» meine. Zu oft alleine sein will. Zu oft müde bin. Zu oft keinen Nerv habe. Immer zu wenig. Nie genug. Von allem etwas. Kaum was richtig. Halb gut. Halb schlecht. Gerade so bestanden. Aber die Auszeichnung, die bleibt aus. Dabei liebe ich Pokale doch so sehr und will immer auf Treppchen ganz nach oben. Was für ein Dilemma!

Wenn wir also von der Theorie ausgehen, dass ein schlechtes Gewissen sinnvoll sein kann und als mütterlicher Selbstüberprüfungskompass dient, dann wird es wohl gestattet sein, zu fragen, ob die Natur in ihrer Ausschüttungsmenge an die mütterlichen Emotionsquellen möglicherweise ein wenig übertreibt. Oder besser gefragt: Hat die Lack gesoffen? Ganz gewiss nicht sinnvoll kann nämlich sein, dass Mütter reihenweise wegen der Last ihres schlechten Gewissens, des damit verbundenen ständigen Drucks und der nie endenden kreisenden Gedanken, zusammenbrechen. Weil das, liebe Natur, wäre doch wohl kaum in deinem Sinne. Also wenn dein großes Ziel immer noch der Arterhalt ist, wovon ich jetzt mal ausgehe, auch wenn ich im Biologieunterricht äußerlich zwar immer top gestylt, innerlich aber meist tot war.

Da ich die Natur eigentlich grundsätzlich für recht schlau halte und weil ich eine juristische Hochschulausbildung genossen habe und «in dubio pro reo» praktisch in meiner DNA verankert ist, möchte ich die Natur von jeglicher Schuld freisprechen. Hinsichtlich des Gewissens. Über Zecken und Ohrenzwicker sprechen wir gesondert. Zwar mag sie das schlechte Gewissen bewusst angelegt haben, es war aber nie, nie und nochmals nie in ihrem Sinne, dass sich dieses aufbläht wie ein Zeitungsgerücht während des Sommerlochs.

Wenn aber die Natur doch nur einen kleinen Samen des schlechten Gewissens gelegt hat, gerade genug für ein harmloses und nützliches Pflänzchen, wie kam es dann zu seiner übermäßigen und gefährlichen Ausbreitung? Wer wässert den Samen? Wer düngt und bescheint ihn? Wer ist schuld am Wildwuchs, an der exponentiellen Ausbreitung, der Überwucherung, der Seuche?

Seuche? Ob ich übertreibe? Nein, ich nicht. Nur das schlechte Gewissen. In seiner Maßlosigkeit. Nicht nur, dass es sich früher im Leben einer Mutter einstellt als die morgendliche Übelkeit oder das Wachstum der Gliedmaßen des Embryos. Es ist auch noch mit einer Hartnäckigkeit ausgestattet, bei der selbst die Mahnabteilung des Finanzamtes vor Neid erblassen würde. Egal, wie vermeintlich fähig eine Person im Muttersein auch ist, das schlechte Gewissen schickt ihr mindestens einmal am Tag einen gelben Brief mit dem brüllenden Inhalt «LOSER-MOM!».

Du hast alle Bücher, die die Erziehungsratgeberecke bereitstellt, gelesen, legst Obststücke in Mandalas und streichelst deine Kinder täglich eine Stunde liebevoll in den Schlaf, während du mit der Querflöte auf Profiniveau *La-Le-Lu* spielst? Egal - schlechtes Gewissen!

Du hast einen Master in Pädagogik, deine Kinder schreiben dir täglich kleine Liebesbriefe, und andere Mütter bewundern deine Gelassenheit? Egal - schlechtes Gewissen!

Du bist gleichzeitig ausgebildete Kinderärztin, Hebamme, Erzieherin, Lehrerin und Psychotherapeutin, dein Gemüse baust du ausschließlich selbst an, und du bewohnst mit deinen elf wunderschönen Wunderkindern einen Ponyhof mit Bällebad, Pool und Töpferwerkstatt? Egal - schlechtes Gewissen!

Und wie muss es dann erst allen anderen gehen? Jenen, die manchmal schreien, Tiefkühlpizzen aufbacken, keine Geduld haben, müde sind, ach, so müde. Die vergessen haben, dem Kind ein neues Deutschheft mitzugeben, und es zu spät vom Judo abholen? Die, die durch den Alltag hetzen und am Ende des Monats vielleicht nur noch Spaghetti mit Ketchup anbieten können? Die frustriert sind vom Schulsystem, von der vermeintlichen Gleichberechtigung und vom Leben? Die eigentlich so vieles anders machen wollten? Die, die ihre Kinder lieben, ihre Ruhe aber halt auch?

Mir und dir und praktisch jeder Mutter, weil Mütter eben auch nur Menschen sind. Tja. Die werden vom schlechten Gewissen nicht nur gezwickt, die werden am Kragen gepackt und so richtig durchgeschüttelt. Tag für Tag für Tag. Wie beschissen! Was das mit Müttern macht, kann man sich leicht vorstellen. Es macht sie fertig. Es sorgt dafür, dass sie sich und ihre Bedürfnisse komplett aufgeben und nur noch dem Wohl des Kindes hinterherrennen. Hauptsache, es ist gesund. Und glücklich. Gut in der Schule. Beliebt und freundlich. Wohlerzogen und begabt. Ihm ist nie zu kalt. Oder zu heiß. Es hat nie Hunger. Es hat nie Durst. Es muss nie etwas missen, und alle Wünsche werden ihm von den Lippen abgelesen. Sein Wachstum liegt im optimalen Wertebereich, und es hat weder je einen blauen Fleck noch eine Schramme. Keine Wespe oder Biene wagt es, den Stachel in das zarte Fleisch zu piken. Kein Hund traut sich, zuzuschnappen. Es fällt nie vom Rad, es stolpert nie über die eigenen Füße. Kein Husten, Schnupfen, Heiserkeit. Kein eingewachsener Fußnagel. Es hat Freunde, es streitet nie. Es ist nie traurig, unglücklich oder verletzt. Es wird ständig beschäftigt, gefördert, bespaßt. Es lebt den Traum. Den unerreichbaren Traum. Egal, wie schnell, wie lang und wie ausdauernd Mütter rennen. Weil die Realität natürlich so nicht ist. Kinder, egal, wie sehr wir es zu vermeiden versuchen, sind manchmal traurig, verletzen sich, schreiben eine Fünf oder sitzen mit regennasser Hose auf kalten Steinen. Sie streiten. Sie hauen. Sie fallen. Sie werden krank oder vom Hund des Nachbarn gebissen. Sie leben. Und all das gehört dazu. Muss so sein. Und darum befinden sich Mütter in einem unstoppbaren Hamsterrad. Ihr Ziel ist eine Utopie. Und trotzdem versuchen sie es. Das kann nicht gut gehen.

Nur, warum? Objektiv gesehen weiß ich, weißt du, dass unser schlechtes Gewissen in neunzig Prozent der Fälle Humbug ist. Völlig unnötig, übertrieben und nicht gerechtfertigt. Aber als Mütter sind wir selten objektiv. Leider. Das ist das Perfide am schlechten Gewissen. Es vernebelt uns die Sicht, das Denken und das Fühlen. Weil es zu groß geworden ist. Dick und fett setzt es sich auf uns drauf und verhindert, dass wir einen Schritt zurücktreten und einen objektiven Blick auf uns werfen können.

Aber, mal Klartext. Wer hat das schlechte Gewissen so fett gefüttert? Wer verdient lebenslang bei Wasser und Brot? Puh, ja. Das ist nicht so einfach. Ich kann mich jetzt nicht hinstellen und sagen: «Der Johannes war es. Auf ihn mit Gebrüll!» Wäre toll, so ein Sündenbock. Aber natürlich mal wieder zu einfach. Weil schuld – wenn wir überhaupt von Schuld reden können – sind wir letztlich alle so ein bisschen. Das Problem ist nämlich gesellschaftlicher Natur.

Die Ansprüche an Mütter, die Ansprüche an uns selbst sind heutzutage höher als dieses Riesenhotel in Dubai, in dem Dschungelcampgewinner*innen so gerne urlauben. Und diese unerreichbaren Erwartungen, diese hanebüchenen Ziele, die wir uns selbst auferlegen und deren Erreichen etwa so realistisch ist wie die Vorstellung, ich könnte den Nobelpreis in Physik gewinnen (ich sehe Sie lachen, Herr Oberstudienrat Kreukler), führen in die Schlechtes-Gewissen-Falle.

«Dein Alltag ist ihre Kindheit.» Viele von euch kennen möglicherweise diesen Spruch. Er begegnet uns bei Facebook, bei Instagram und in der Kinderflohmarkt-WhatsApp-Gruppe, in der Andrea echt meint, sie könnte für ihren völlig durchgenudelten Sterntaler-Fußsack noch 25 Euro verlangen (wach auf, Andrea!).

«Dein Alltag ist ihre Kindheit» also. Dieser Spruch, auf hübschem pastellfarbenem Hintergrund, garniert mit klitzekleinen Babyfüßen oder patschigen Patschhändchen, sorgt im ersten Moment meist für eine Explosion von Herzen und Likes. Von Hachs und Achs. Sorgt für Entzücken und eigene vollkommen verklärte Kindheitserinnerungen beim Blumenpflücken mit Mama im Sommerkleid, die in Wahrheit aus der Perwoll-Werbung stammen.

Also teilen wir diesen Spruch fleißig weiter auf allen Kanälen. Schicken ihn der Freundin, der Nachbarin und Andrea. Und machen uns damit (mit)schuldig. Häh? Wieso? Ist doch voll der niedliche Spruch. Und so wahr! Oder etwa nicht?

Schauen wir doch mal genauer hin. Wenn unser

Alltag die Kindheit unserer Kinder ist, was heißt das dann für ihre Kindheit? Wie sieht unser Alltag denn aus? Der Alltag von uns Müttern? Um das adäquat zu beschreiben, musste ich ein neues Adjektiv (das ist ein Wiewort, mein Sohn) erfinden. Achtung, jetzt kommt es: hamsteresk. Und ich liefere direkt die Beschreibung für den Duden mit. «Adjektiv, aus der Muttersprache. Dem Leben eines Hamsters entliehen. Ähnlichkeiten zum Begriff ‹kafkaesk› (in der Art der Schilderung Franz Kafkas) lassen Rückschlüsse darauf zu, dass die Schöpferin ein humanistisches Gymnasium besucht hat (mäßiger Erfolg, wenig Erinnerung).»

Ich für meinen Teil kann eindeutig sagen, dass mein Leben hamsteresk ist. Und damit meine ich nicht, dass mein Alltag dem eines freien Feldhamsters ähnelt, der sich die Sonne auf den Pelz scheinen lässt und gemütliche Maiskolbenpartys mit seinen dickbackigen Freunden feiert. Mein Alltag als Mutter ist wie das Leben eines beim Kölle Zoo erworbenen Dsungarischen Zwerghamsters, der 24/7 in seinem quietschenden Rädchen strampelt, bis seine Augen hervorquellen und seine Zunge hinter den Ohren flattert. Ich hetze von Schule zu Supermarkt. Ich flitze von Fußballtraining zu Musikstunde. Ich wirble durch Küche, Job und Kinderzimmer. Immer irgendwie auf Trab. Und meist unter Zeitdruck. Da ist wenig Platz für singend über Wiesen tanzen mit Kindern in weichspülerfrischen Kleidchen. Mein Alltag ist wie der Alltag der meisten Mütter. Schnell, hektisch, laut und fremdbestimmt. Mit grauem Schneematsch auf dem Seitenstreifen und labberigen Tiefkühlpommes auf dem Teller. Erschreckend, oder? Wenn unser Alltag so schneematschgrau und tiefkühlpommeslabberig ist, was macht das dann mit der Kindheit unserer Kinder? Was für Erinnerungen müssen die armen Hamsterkinder dann in zwanzig Jahren auf durchgelegenen Therapeut*innencouchen durchleben? Mit Mama im Aldi Klopapier und Spülmittel kaufen. Bei Mama auf dem Rücksitz, während sie «Fahr doch, du Arschloch!» schreit. Neben Mama auf der Couch, während sie zu *Gute Zeiten, schlechte Zeiten* einschläft. Ein wenig sabbernd.

SO SOLL DIE KINDHEIT MEINES GOLDSCHATZES AUSSEHEN? Frage ich mich dann. Fragst du dich. Fragen wir uns. AUSGESCHLOSSEN! Schreien wir hinterher. Wir bessern uns! Wir schaffen Erinnerungen, die es wert sind, austherapiert zu werden. Unser Alltag wird ihr Disneyland. Das Hamsterrad wird dann eben ausgepackt, wenn das Kind schläft. Gehe ich halt nur noch nachts um drei an der Esso-Tankstelle im Industriegebiet einkaufen. Platze ich halt in einen Drogendeal und werde abgestochen. Verliere ich halt meine Milz. Die kindwache Zeit muss genutzt werden! Alles andere wäre ein Verbrechen an der Kindheit unserer Mini-Mes. Und so finden wir uns wieder in dem Versuch, dass sich unser stressiger Alltag für unsere Kinder wie Ferien auf dem

Bauernhof anfühlt, was aus unserem stressigen Alltag die absolute Hölle macht, aber während wir das noch denken und gleichzeitig schon wieder ein schlechtes Gewissen gegenüber dem Kind haben, weil es kurz mit in die Post muss, wo es weder Ponys noch Zuckerwatte gibt, piept das Handy, und Andrea schickt uns eine Spruchkachel von Pinterest mit den Worten «Genieße die Zeit, sie werden so schnell groß». Ich kann nicht zeichnen, aber bitte fügt hier ein Bild einer Mutter ein, deren Kopf platzt.

In diesem Szenarium können wir nur versagen. Und wozu führt dieses Versagen? Genau: zu einem schlechten Gewissen. Again. Einem schlechten Gewissen hoch drei. Das eh stets vorhandene mütterliche schlechte Gewissen wird dadurch potenziert, dass wir versuchen, unseren Alltag fantastischen Kindheitserinnerungen würdig zu gestalten. Diesem potenzierten schlechten Gewissen wird wiederum eins draufgesetzt, weil das alles so augenrausquellend anstrengend ist, dass wir dabei natürlich gar nichts genießen. Egal, wie niedlich die «Genieße die Zeit»-Kachel gestaltet ist. Ganz im Gegenteil. Wir liebäugeln mit der Vorstellung eines Schraubenziehers mitten im eigenen Frontallappen.

Viele dieser auf den ersten Blick niedlichen Sprüche, die durch die sozialen Medien geistern, sind auf den zweiten Blick leider überhaupt nicht mehr niedlich.

Sie sind schädlich. Sie sind die Futterlieferanten des schlechten Gewissens. Oder deutlicher gesagt, des Teufels rechte Hand.

«Wir haben nur 18 Sommer zusammen mit unseren Kindern – genieße sie.» Dieser Spruch ist jedes Jahr DER Sommerhit. Der *Bailando* unter den Mamasprüchen und mein persönlicher Superaufreger.

War die Person, die die Urheberschaft dafür innehat, eigentlich schon einmal mit Kindern im Sommerurlaub? Ich kann es mir nicht vorstellen! Sonst würde sie so einen Unsinn bestimmt nicht verbreiten.

Ich war dieses Jahr im Urlaub in der Karibik. Ja, IN DER KARIBIK. Mit Palmen, kilometerlangem weißem Sandstrand und badewannenwarmem Meer. Mit Cocktailbars und À-la-carte-Restaurants. Mit Wellnesstempel und Netflixzugang. Nur mein Mann und ich. Na ja, und halt unsere Kinder. Kinder, denen das Meerwasser zu salzig und die Sonne zu hell ist. Kinder, die wüten, weil der Eisstand keinen Flutschfinger hat. Jetzt mag natürlich manch pfiffige Person sagen, ich sei ja selbst schuld, mit den Kindern in die Karibik zu fahren, ich solle doch lieber auf einen netten Bauernhof in Saalbach-Hinterglemm, dahin gehen sie schon seit Jahren und ... KLAPPE ZU! Echt jetzt! Ich lass mich noch immer lieber in der Karibik mit Kochbanane ankotzen als auf dem Bauernhof mit Kaiserschmarrn. Oder anders ausgedrückt: Ich weine noch immer lieber im Taxi als im ÖPNV.

Jetzt aber mal ernsthaft, der Urlaub war toll. Meine Kinder sind toll. Wir hatten superviel Spaß, und ich hatte auch tatsächlich Zeit für Erholung. Aber ein Urlaub mit Kindern ist einfach nicht zu vergleichen mit einem Pärchenurlaub oder einer Singlekreuzfahrt. Ich bin mir nicht mal sicher, ob das Wort Urlaub und das Wort Kinder in einem Satz existieren dürfen. Hebt sich da nicht gegenseitig etwas auf? Verschlingt das eine Wort das andere nicht, wie das Minus das Plus vor einer Rechenaufgabe? Mit Kindern zu verreisen, ist schön. Aber eben auch oft superanstrengend. Wenn dann noch das Damoklesschwert der kostbaren, abzählbaren 18 Sommer über mir schwingt, komme ich ja nie zur Ruhe. Sich krampfhaft zu bemühen, jeden Augenblick zu genießen, ist nämlich auch supermühsam. Zumal ich mich dafür auch total verstellen und verkrampfen müsste. Ständig müsste ich mich ermahnen, zu genießen. Beim Kampf mit der Sonnencreme und dem flutschigen Kind. Beim Erbrochenes-im-Reisebus-Beseitigen. Beim Verschüttete-Fanta-von-der-Restauranttischdecke-Wischen. Niemand kann immer alles super finden. Was soll der Druck? Der pampert doch nur wieder das schlechte Gewissen. «Ahhh, ich habe wieder einen Sommer nicht 24/7 genossen, jetzt sind nur noch acht übrig. Hilfe! Ich muss besser werden.» Ist doch Quatsch, oder?!

Wobei der Spruch ja genau genommen noch aus einem weiteren Grund völliger Quatsch ist. 18 Sommer.

Was soll das? Schon klar, nach 18 Sommern wird das Kind erwachsen. Aber kann man daraus schlussfolgern, dass man nur 18 Sommer mit seinem Kind hat? Natürlich nicht. Diese Gleichung geht nicht auf. Und das aus mehreren Gründen. Der erste Grund ist der Tod. Der Sensenmann. Der Typ aus Knochen mit dem langen schwarzen Umhang. Ihr wisst schon. Dieser eigenwillige Geselle kommt nämlich, wann es ihm passt. Er kann mich dahinraffen. Er kann mein Kind dahinraffen (nur theoretisch, wird bei meinem Kind nie passieren, ich habe ihm schon meine Seele dafür verkauft – daher nur auf dein Kind bezogen. Sorry). Und schon hat es sich erledigt mit den 18 Sommern. Vielleicht bleiben nur sieben, oder elf. Niemand weiß es.

Der zweite Grund ist der, dass mein Kind immer mein Kind bleiben wird. Auch mit achtzig Jahren ist mein Kind mein Kind. Vielleicht unternehmen wir die allercoolsten Kreuzfahrten, wenn wir mal gemeinsam im Rentenalter sind? Möglicherweise erleben wir die Sommer unseres Lebens? Ohne Termine und immer leicht einen sitzen? Das Kind achtzig, ich einhundertzwölf (ich muss mich unbedingt gesünder ernähren!). Ich lass mich doch nicht von irgendwelchen Zahlen, die irgendwelche Menschen auf irgendwelche Spruchkacheln geschrieben haben, limitieren. Ich habe vor, unendlich viele Sommer mit meinen Kindern zu erleben. Egal, ob in der Karibik, auf Balkonien oder nebeneinander den Rollator schiebend am Ententeich. In diesen Sommern werden wir Spaß haben, wir werden uns nerven, wir werden uns übereinander ärgern. Manche Sommer verbringen wir getrennt, manche gemeinsam. Wir werden uns häufig sehen, wir werden uns selten sehen. Aber ich hoffe, wir werden immer in Kontakt sein.

Wir können nicht jeden Tag voller Inbrunst genießen. So funktioniert das Leben nicht. Was würde denn sonst passieren? Nichts lähmt mich mehr als die Frage, was ich machen würde, wenn ich nur noch einen Tag zu leben hätte. «Genieße jeden Tag, als sei es dein letzter.» AHHHHH, Panik! Ich wüsste gar nicht, was ich als Erstes machen würde. Kündigen? Flüge nach Hawaii buchen? Alle Spaghettigerichte von der Karte des Lieferdienstes bestellen? An verschiedenen Türen klingeln und den Menschen dahinter endlich mal ins Gesicht schreien, was für Arschlöcher sie sind? Mir dreizehn Hundewelpen und elf Ponys kaufen? All diese Möglichkeiten. Wahrscheinlich wäre ich völlig paralysiert und würde nach 24 Stunden, mit rauchendem Kopf und ohne irgendwas erlebt zu haben, tot umfallen.

Diese ganzen Sätze vom Genießen, vom Alltag und von der Kindheit, von den abzählbaren Sommern. Wir müssen endlich anfangen, zu hinterfragen. Hinter das hübsche Schriftbild und den bezaubernden Background gucken und erkennen, wie schädlich sie eigentlich sind. Wir Mütter stehen eh schon permanent unter Druck, wir haben sowieso schon ein schlechtes Gewissen wegen allem und jedem. Da brauchen wir nicht noch irgendwelche Lebensweisheiten, die unser schlechtes Gewissen mästen. Und genau das tun sie. Weil wir es eben nicht schaffen, unseren Alltag in Disneyland zu verwandeln. Weil wir nicht jede Sekunde genießen. Weil wir im Sommerurlaub heimlich auf dem Klo des Kinderrestaurants weinen, weil wir viel lieber allein mit dem Liebsten am Strand liegen würden und uns deswegen in Grund und Boden schämen. Weil die Gesellschaft sowieso dauernd und ständig schreit: Du bist nicht gut genug. Diese Sprüche, diese Lebensweisheiten, die Bilder von anderen Müttern auf Instagram, die scheinbar liebend gerne acht Stunden am Stück mit ihrem Kind Bauklötzchen stapeln, sie sind eine Illusion. Und sie lügen. Jede Mutter, jeder Elternteil struggelt auf ähnliche Weise. Kinder großziehen zu dürfen, ist fantastisch und wundervoll. Aber es ist halt auch ein hard piece of shit. Wir leben in einer Gesellschaft, in der es insbesondere Müttern nicht leichtgemacht wird. Wir sollen erfolgreich im Beruf sein, dabei aber auch fantastische Mütter, gute Partnerinnen, wunderschön anzusehen und vor allem immer ausgeglichen und freundlich. Wer auch immer dieses Bild gemalt und in die Köpfe der Gesellschaft gepflanzt hat: Dich hau ich um, wenn ich dich erwische! Weil, da hast du dir ja einen ganz üblen Scherz erlaubt. Du hast eine Utopie der perfekten Frau und Mutter erschaffen. Niemand kann so sein. Auch wenn manche vielleicht äußerlich so scheinen. Auch die kochen nur mit Wasser und weinen manchmal neben der Schmutzwäsche. Dieser Druck, der durch die immensen Ansprüche aufgebaut wird, ist doch kaum auszuhalten. Da reibt sich das schlechte Gewissen die Patschehände. Endlich richtig viel Platz, um sich auszubreiten. Da kann es sich vermehren und schön vor sich hin schmarotzen, das arschige Ding. Aber jetzt mal im Ernst. Wollen wir uns das gefallen lassen? Wollen wir uns wirklich von diesem unsichtbaren Kotzbrocken im Genick packen lassen? Für wen leben wir denn? Für uns oder für das Bild, das sich andere von uns machen?

«Die Frau fürs Leben ist nicht das Mädchen für alles», schrieb meine Freundin Laura Fröhlich in ihrem gleichnamigen Buch so schön. Und auch die Mutter des Herzens ist weder Ponyhofbetreiberin noch Eventmanagerin oder Bespaßungsclown. Unser Wert als Mutter, als Frau, als Mensch bemisst sich nicht darin, wie perfekt uns andere finden oder wie gut wir Sinnsprüche erfüllen.

Jetzt kann ich natürlich easy-peasy sagen, werft das schlechte Gewissen über Bord. Stampft es ein, lasst euch davon nicht beeinflussen. Wir wissen aber alle, dass es so einfach nicht ist. Vielmehr sollten wir versuchen, damit zu leben, dass es uns ab und an in die Wade beißt. Und es vor allem nicht nach 24 Uhr zu füttern. Okay, davor auch nicht. Gar nicht.

Vielleicht hilft es schon mal, zu kapieren, dass wir unseren Kindern mit einem Ponyhof-Disneyland-Leben gar keinen Gefallen tun.

Susanne Mierau schrieb in ihrem Buch *Geborgene Kindheit*: «Der Alltag von Familien ist nie nur einfach. Alltag ist nicht rosarot. Alltag hat viele Farben, und es ist auch gut, dass Kinder diese Vielfalt erleben. Wenn wir sagen: ‹Dein Alltag ist ihre Kindheit›, ist damit nicht gemeint, dass wir jeden Tag ein Super-Kinder-Spielparadies zaubern müssen, sondern dass es für die Kinder wichtig ist, den Alltag in all seinen Facetten kennenlernen zu dürfen.»[2]

Kinder brauchen Freiräume, um zu wachsen, und Kinder brauchen Alltag, um Halt zu finden, Routinen zu lernen und sich geborgen zu fühlen. Alltag bedeutet genau das: abhängen auf der Couch vorm Vorabendprogramm, an der Supermarktkasse stehen und nach Quengelware quengeln, durch den Regen noch schnell zu Post hetzen, weil die ausgerechnet heute schon um 16 Uhr schließt. Das ist völlig in Ordnung. Unser Alltag ist ihre Kindheit. Aber nicht als Drohung. Unser Alltag im Wortsinne. Das, was wir täglich so tun oder eben lassen. Das ist völlig gesund für die kindliche Entwicklung. Und wenn das nicht beruhigend ist, weiß ich auch nicht. Wir müssen überhaupt nicht im Spagat durchs Leben gehen. Wir brauchen keine Luftballons und Ponys. Wir dürfen Mensch sein. Überraschung? Was wären wir auch für komische Vorbilder für unsere Kinder, wenn wir uns wie irre grinsende Roboterfrauen verhalten würden? Gruselig wäre das. Wie bei den Frauen von Stepford, wo den Computerdamen irgendwann alle Sicherungen durchgebrannt sind und sie dann mit zur Seite hängenden Köpfen, aus denen Drahtgeflecht hing, durch die Vorortsiedlung torkelten. Die eigene Mutter so – nennen wir es – derangiert zu sehen, kann doch wirklich nicht gesund für die kindliche Psyche sein.

Der Psychologe Christopher Thurber hat gegenüber der SZ erklärt: «Es ist Teil des Jobs als Eltern, sich selbst überflüssig zu machen.»[3] Und ich möchte ihm dafür mindestens drei Torten und fünf Blumensträuße schicken. Dieser Satz ist wie ein Bagger, der mir Tonnen von schlechtem Gewissen von meinen untrainierten Schultern schippt. Weil er mir klarmacht, dass ich gar nicht ständig muss und soll. Und du auch nicht. Kinder müssen selbst groß werden, lernen und Erfahrungen sammeln. Würden wir ihnen ständig alles abnehmen, alles von ihnen fernhalten, alles für sie ebnen, wie die stumme Dienerschaft von Prinz, äh, sorry, König Charles, dann würden wir ihnen keinen Gefallen tun. Ganz im Gegenteil. Ist das nicht erleichternd? Ponyhof ist schädlich für die kindliche Entwicklung. Und Bällebad auch. Also, du verstehst schon. Die Balance muss stimmen. Zwischen Supermarktkasse und Freizeitpark. Zwischen Vor-der-Glotze-Hängen und

Kastanienmännchen-Basteln. Wir müssen uns gar kein Bein rausreißen. Juhu!

Jetzt muss das nur noch das schlechte Gewissen kapieren. Das ist nämlich ganz schön verdreht in seinen Ansprüchen an uns. Das glaubt fest an Pinterest-Spruchkacheln und die Weichspülerwerbung. Sehen wir es ihm nach. Es ist offenbar nicht die hellste Kerze auf dem Kuchen. Die Lichter sind gedimmt. Es ist dunkel im Oberstübchen. Stellen wir es uns als einen trotteligen Mops vor, der immer wieder versucht, seinen eigenen Schwanz zu fangen, und zum schlimmen Wadenbeißer wird, wenn wir es ihm nicht nachtun. Egal, wie wenig Sinn das alles auch macht. Da hilft nur, laut und deutlich Grenzen zu setzen. Man sollte es nicht mit zu langen und komplizierten Sätzen überfordern. Wenn das schlechte Gewissen also das nächste Mal seinen dicken Popo direkt auf deiner Seele platzieren will, stell dich aufrecht hin, hol tief Luft und schrei ganz laut: «Halt die Fresse!», und dann gib deinem Kind einen Kuss und sag ihm, es soll sich gefälligst selbst etwas zu trinken aus der Küche holen, dafür hast du ihm extra Beine wachsen lassen.

müde

~~WACH~~

Mit der Geburt eines Kindes sinkt die Schlafdauer der Eltern rapide. Männern fehlen im Schnitt nur wenige Minuten pro Nacht, Frauen müssen durchschnittlich mit einer Stunde weniger Schlaf auskommen. Schlaf wie vor der Geburt stellt sich nur bei den wenigsten Eltern wieder ein.»[4] Sagt die Süddeutsche Zeitung. Und die recherchieren sehr gründlich, das weiß ich aus eigener leidvoller Erfahrung.

Kürzlich habe ich außerdem etwas gelesen: «Bereits nach einer einzigen zu kurzen Nacht leiden unsere kognitiven Fähigkeiten. Schläft jemand mehrere Tage hintereinander zu wenig, sind die Einbußen oft gravierend. Die meisten reagieren dann ungefähr so wie mit einem Blutalkohol von 0,6 Promille.»[5]

Wenn wir diese Erkenntnis jetzt mit der Aussage der Süddeutschen Zeitung koppeln, dass sich bei den wenigsten Eltern Schlaf wie vor der Geburt des Kindes einstellt, muss man sich doch zwangsläufig fragen, wie besoffen Eltern dauerhaft sind.

Tatsächlich habe ich während meines Studiums

mal eine Vorlesung zur Berechnung des Blutalkohols besucht, aber nachdem ich merkte, dass es keine praktische Übung war, habe ich das Interesse leider drastisch verloren. Dennoch glaube ich, mit all meinem gesammelten Nichtwissen und unpräziser nicht wissenschaftlicher Berechnung behaupten zu dürfen, dass ich mich in den ersten Jahren nach der Geburt meiner Kinder in einem dauerhaften 1,0-Promille-Zustand befunden habe. Und damit ist nicht dieser lustig-beschwingte Partyzustand gemeint. Von leicht bekleidet auf dem Tisch tanzen, Ballermann-Hits mitgrölen und feuchte Schmatzer verteilen konnte bei mir nicht die Rede sein. Dieser Part oblag einzig meinen Kindern, die sich ja grundsätzlich gerne wie schwer beschwipste Pauschaltouristen auf spanischen Inseln aufführen. Nein, diese spaßige Phase war mir nie vergönnt. Mein Übermüdungsrausch fühlte sich ausschließlich wie das Trunkenheitsstadium an, in das man nach dem letzten Glas Sekt, das irgendwie schlecht war, eintritt. Der Absturz aus dem Rausch, die Fahrt nach unten. Die Phase, in der man weinerlich wird, nicht mehr so genau weiß, wo man ist und warum. Die Kopfschmerzen setzen langsam, aber sicher ein, und man möchte nur noch eins: nach Hause ins Bett. Nur leider kommt das Taxi nicht. Nie. Und so steht man völlig übermüdet und mit schwindeligem Kopf vor der Kneipe, die Mascara hat sich über die Wange verteilt, und auf der Hose klebt irgendetwas unangenehm.

Ja, ungefähr so fühlten sich die ersten Jahre Elternschaft für mich an: «Kann ich büdde, büdde heim, mir ist komisch. Hallloooo, Taxi, stehen geblieben. Ich leg mich nur ganz kurz da hin. Warum riecht es hier nach Pipi? Tschuldigung, weissdu, wo mein Bett ist?»

Dauerhafter Schlafmangel führt nachgewiesenermaßen zu körperlichen Beschwerden (erhöhte Anfälligkeit für Infekte oder Kopfschmerzen) und zu psychischen Problemen (Denkstörungen, Halluzinationen oder Reizbarkeit). Wäre dies eine Checkliste, ich würde alle Symptome ankreuzen. Mehrfach. Haha, dazu habe ich direkt eine passende Anekdote, die alle psychischen Probleme in einer Situation vereint: Meine Tochter war 23 Monate alt (das bedeutet fast zwei, für alle Nichteltern), und mein Sohn war zwei. Tage. Er war zwei Tage alt. Es war unsere erste Nacht als vierköpfige Familie in unserem Zuhause. Ich schlief den komatösen Schlaf der frisch entbundenen und noch völlig von der Geburt erschöpften Mutter, als das Kleinkind ein lautes «MAAAMAAAAA» aus ihrem Kinderzimmer erschallen ließ. Mit halbem Auge und – wenn wir ehrlich sind – höchstens 10-prozentiger Hirnleistung bekam ich ganz am Rande meines Bewusstseins mit, wie mein Mann die Tochter zu uns ins Bett brachte. Was ich aber ganz genau realisierte, war der Stoffaffe auf dem Arm des Kindes. Der braune Stoffaffe von einer bekannten Knopf-im-Ohr-Marke, den ich schon immer höchst unsympathisch fand. Der braune Stoffaffe, der von mir nur aus Liebe zum Tochterkind in meinem Bett akzeptiert wurde, aber bitte nur, wenn er mir fernbliebe. Ich war kaum wieder in den Schlaf hinübergeglitten, als es losging. Ein Greinen, ein Weinen, ein kieksendes Schluchzen. ALTER! Ich war so müde. Ich hatte gerade erst entbunden. Mein Körper war im Arsch, und mein Geist musste unbedingt rekonvaleszieren. Schluchz. Grein. Wein. Es hörte nicht auf. Womit hatte ich das verdient? Was sollte diese Scheiße? Ich wusste, dass er ein Arschloch ist, aber bisher hat er wenigstens geschwiegen. Ich holte also tief Luft und legte all meine Wut und Verzweiflung in folgende gebrüllte Worte: «HALT'S MAUL, DU BESCHISSENER AFFE, DU DUMMES VIEH!» Tja, hatte ich schon erwähnt, dass direkt neben mir im Beistellbett mein neugeborener Sohn lag? Hungrig? Weinend? Denkstörungen Check. Halluzinationen Doppelcheck. Reizbarkeit Dreifachcheck.

Ich habe meine Kinder in recht kurzem Abstand zur Welt gebracht. Als das Baby geboren wurde, schlief das Kleinkind noch nicht durch. Ich hatte also bereits knapp zwei Jahre selten länger als vier Stunden am Stück geschlafen, als ich einen weiteren Schlafräuber empfing. Wie Geschwister nun mal oft so sind, waren meine beiden Kinder leider nicht sehr absprachefähig, was ihren Schlafrhythmus anging. Was ich sagen will, ein Kind war immer wach. Wie ein gruseliger Schwarz-Weiß-Film von Hitchcock haben sich Szenen in mein Hirn gebrannt. Schlurfenden Schrittes, mit zu Schlitzen verengten Augen, ein Baby auf dem Arm, bewegte ich mich durch die Nacht. Zu einer Zeit, in der die Welt keine klaren Umrisse hat, alles nur leicht verschwommen zu sehen ist und jegliche Farbe von der Nacht verschluckt wird. Wenn sich fünf Kilo Baby irgendwann wie 50 anfühlen und das Schicksal der Welt auf den müden Schultern zu lasten scheint. Als einzig wache Person im Universum – abgesehen vom Baby. Stundenlang habe ich meinen Kindern erzählt, wer alles schläft: von den Ameisen zu den Ziegenböcken. Von den Ananassen zu den Zitronen. Nur das Kind, das nicht. Das wollte wach sein. Scheinbar für immer. Während meine Arme immer tauber wurden und meine Lider immer schwerer, wurde das Kind immer wacher. Zeigte es fröhlich auf all die schlafenden Gegenstände in der Wohnung und pikte voller Wonne durch meine Augenschlitze in mein Hirn. Ja, meine Babys hatten nachts (nicht ansteckend) gute Laune. Allerdings nur unter eng gesteckten Bedingungen. Ich musste mich mit ihnen auf dem Arm fortbewegen, singend und stetig schunkelnd. Wurde diese Forderung nicht erfüllt, wenn auch gar nicht aus bösem Willen, sondern weil ich kurzzeitig ins Erschöpfungskoma fiel, wurde unerbittlich und schrill geschrien. Darum trug ich. Deswegen schunkelte ich. Nächtelang. Gefangen in einem Katastrophenfilm. Ausgesetzt in völliger Einsamkeit unter einer schlafenden Menschheit mit der Aufgabe, das Kind glücklich zu machen und wieder in den Schlaf zu begleiten. In diesen kalten, müden Stunden, in denen ich meine Kinder trug, fühlte ich mich wie eine Frau auf einer Mission Impossible. Und ich war bereit, die Menschheit für ein wenig Schlaf aufs Spiel zu setzen. Ich wollte keine Heldin sein. Ich wollte mich hinlegen.

Kreuzberger Nächte sind lang, sangen die Gebrüder Blattschuss. Aber gewiss sind sie nicht so lang wie die verzweifelt schunkelnder Eltern. Da aber alles ein Ende hat (außer die Wurst, die hat zwei – Entschuldigung, bin grad im Schlagerthema), schlief natürlich auch irgendwann das wachste und schwerste Kind ein. Welch süßer Anblick der Erlösung, wenn die kleinen Lider sich endlich schlossen, wenn nur noch ein wohliges Seufzen über die rosigen Lippen kam und die Weltrettung wieder einmal geglückt war. Bis ... ja, bis man das schlafende Bündel ablegen wollte, um sich selbst den letzten Stunden der Nacht hinzugeben. Bohrhammergeräusche. Silvesterfeuerwerk vor dem Brandenburger Tor. Atombombenabwurf. Alles irrelevant für kindlichen Schlaf. Nichts weckt Babys sicherer und dauerhafter auf als der Versuch, sie in ihr Bett zu legen. Sofort hellwach. Sofort auf Start. Alles von vorne. Schunkeln. Laufen. Welt retten. Selbst dabei fast draufgehen. Das schlafende Kind auf dem Arm ist eine Fata Morgana des Glücks. Man denkt, man könnte selbst schlafen, das Ziel ist aber in weiter Ferne, möglicherweise gar nicht existent. Bevor das

Baby nicht in der dritten Tiefschlafphase ist, darf man gar nicht daran denken, sich auch nur zu setzen. Und so lief ich weiter. Mit schlafendem Baby. Als wirklich letzter Mensch auf Erden. Tapfer durch die Wohnung schlurfend. Leise weinend, aber nicht zu sehr, weil das Baby nicht nass werden sollte.

Irgendwo fand ich mich dann am nächsten Morgen. Zusammengerollt auf dem Teppich, ein Busen komplett im Baby, während das Kleinkind versuchte, mit einer Schere Kerzen anzuzünden.

Jetzt mögen einige Menschen (nicht Eltern, die gewiss nicht) mit dem Argument kommen, dass Babys aber doch in den ersten Monaten durchschnittlich 16 bis 18 Stunden am Tag schlafen. Woher denn dann diese Müdigkeit der Eltern käme? Folgendes, Karl-Friedrich: Babys schlafen diese 16 bis 18 Stunden nicht am Stück. Babys schlafen in Etappen. In kurzen Etappen. Und das auch nur, wenn sie satt sind. Und trocken. Und die Raumtemperatur exakt 18,5 Grad hat und der Merkur im Sternzeichen des tibetanischen Tigers steht, während die Erde sich vor- und zurückdreht. Wobei meine Babys überhaupt nie 16 bis 18 Stunden geschlafen haben. Da bin ich mir ziemlich sicher. Viel eher waren sie 24 Stunden wach und hatten dabei gelegentlich die Augen zu. Wenn ich denn gleichzeitig geschunkelt, gesungen, gestillt habe und gelaufen bin. Also nur dann. Ansonsten glotzten sie mich mit ihren großen Kulleraugen mit einer Mischung aus Anklage und Verwunderung an. Oder sie schrien. Herrje, konnten die schreien. Es ist mir schleierhaft, warum die Weckerindustrie noch nie auf «brüllendes Baby» als Klingelton gekommen ist. Verschlafen wäre dann nur noch ein Mythos aus längst vergessenen Zeiten.

Tatsächlich hält sich der Aberglaube, dass Babys dauernd zufrieden in ihren Bettchen (haha, im Bettchen – als ob) schlafen, in den Köpfen der Gesellschaft aber sehr hartnäckig. Vielleicht mag es daran liegen, dass es bei ihnen selbst so war. «WEIL DEINE MUTTER DEINEN SCHNULLER MIT MOHN PRÄPARIERT HAT, KARL-FRIEDRICH.» Tatsächlich wurden Kindern zur «Beruhigung» in früheren Zeiten gerne mal mit Mohnsamen gefüllte Säckchen gereicht oder ein Löffelchen Stroh-Rum in die Nuckelflasche gemischt. Diese Kinder schliefen nicht 16 bis 18 Stunden, sie waren bewusstlos.

Oder es lag daran, dass man früher, nennen wir es einmal, «unsensibler» war. Das Baby sollte schlafen. Das Baby wurde in sein Bett gelegt, die Tür wurde geschlossen, und die Eltern machten es sich im Nebenraum bei sehr lauter Musik gemütlich, sodass das klägliche stundenlange Schreien nicht mehr zu hören war. Nach stundenlangem Weinen schläft natürlich jedes Kind irgendwann ein. Aus Erschöpfung und mit dem dauerhaften Verlust des Urvertrauens.

Zum Glück haben wir heute dazugelernt. «Schlafmittelchen» für Kinder sind als gesundheitsgefährdend erkannt worden und verpönt. Auch der Trend, Babys sich in den Schlaf schreien zu lassen, um ihre Lungen abzuhärten, sie nicht zu «verwöhnen» oder aus sonstigen kruden Gründen ist von der Mehrheit (hoffentlich!) als grausam erkannt. Kinder müssen nicht schlafen lernen. Das können sie von ganz alleine. Sie brauchen allerdings dabei meist unsere Nähe, das Gefühl von Sicherheit und möglicherweise noch sanftes Schaukel-lauf-Gestille. Ich bin davon überzeugt, dass es für die kindliche Entwicklung wichtig und richtig ist, ihre Bedürfnisse zu befriedigen. Dumm ist nur, dass unsere Bedürfnisse dabei leider zu häufig auf der Strecke bleiben. Insbesondere der Schlaf. Schlaf gehört zu den Grundbedürfnissen überhaupt. Wie atmen, essen und trinken. Wir können uns das Bedürfnis nach Schlaf nicht abgewöhnen oder einfach mal ein paar Jahre nach hinten stellen. Unsere Körper melden sich irgendwann mit brachialer Gewalt. Gewalt? Ja, denn Müdigkeit kann gewaltig sein. Schmerzhaft und brutal. Ich habe zwei Kinder bekommen – ich kenne Schmerzen. Aber kaum ein Schmerz ist vergleichbar mit dem, den man spürt, wenn das Kind um 04:12 Uhr die Nacht für beendet erklärt und fröhlich nach Kasperltheater und Rührei mit Kakao verlangt. Das warme Bett verlassen, wenn es draußen noch dunkel und kalt ist und einem höchstens drei Stunden ungestörter Schlaf zuteilwurde, hat bei mir regelmäßig Höllenschmerzen verursacht. Im Körper und in der Seele.

Schlafentzug wird deshalb auch nicht grundlos als Folterinstrument eingesetzt. Im US-amerikanischen Gefangenenlager der Guantanamo Bay Naval Base wurde systematischer Schlafentzug als Foltermethode genutzt, um Gefangene zu Aussagen zu zwingen. Bevor sie ins Verhör mussten, wurde ihre Schlafenszeit über Wochen verkürzt, verschoben und unterbrochen. Schlafentzug kommt der Hölle gleich. Und dabei spielt es keine Rolle, wie zuckersüß der Teufel ist.

Wenn ich eines über mich gelernt habe, dann, dass ich unter Folter sofort einknicke. Lieber Geheimdienst, solltest du je ein Auge auf mich geworfen haben, sorry – ich sag alles. Was ich meinen nicht schlafenden, viel zu früh wachen Kindern alles für acht Stunden ungestörten Schlaf geboten habe, kann ich überhaupt nie jemandem anvertrauen. Aber sagen wir mal so: Ich habe nicht nur Omas Häuschen im Tausch geboten, sondern die Oma gleich mit. Sowie weite Teile der Weltbevölkerung und deren unsterbliche Seelen.

Schlafbedürfnisse sind ja unterschiedlich. Leider ist meines rekordverdächtig hoch. Erzählungen nach habe ich schon einst auf der Neugeborenenstation so viel geschlafen, dass das Personal mich scherzhaft «Dornröschen» nannte. Möglicherweise hätte man damals mal meine Sauerstoffsättigung messen müssen oder etwas sparsamer mit dem Mohn sein sollen. Wer weiß?

Jedenfalls: Ich schlafe gerne und wenn möglich viel. Diese Information hat meine Kinder leider nie beeindruckt. Also war ich müde. Immer. Sehr, sehr müde. Ich liebte meine Kinder, auch wenn ich finde, dass ich das nicht sollte betonen müssen, aber ich war gleichermaßen so erschöpft und übermüdet, dass ich kaum noch einen klaren Gedanken fassen konnte.

«Wann schlafen Babys durch?» ist wahrscheinlich eine der meistgestellten Google-Suchanfragen weltweit. Die Suchergebnisse einigen sich so durchschnittlich auf 7 bis 8 Monate Lebensalter. Klingt okay. Ein Dreivierteljahr nächtliches Aufwachen ist zu verkraften. Dachte ich. Als ich damals mit zittrigen Fingern und halb offenen Augen die Antworten las. Was ich nicht wusste, war jedoch, dass dieses Ergebnis nichts mit 10 Stunden erholsamem Nachtschlaf zu tun hat. Also so gar nicht. Aus zweierlei Gründen. Erstens heißt «durchschlafen» nicht ausschlafen. So gar nicht. Durchschlafen meint, dass ein Kind 6 bis 8 Stunden am Stück schläft. Wenn man jetzt davon ausgeht, dass ein Kleinkind gegen 20 Uhr ins Bett geht, dann wacht es demnach zwischen 2 und 4 Uhr auf. In der Nacht! Und will spielen! Oder spazieren gehen! Oder essen! Verdammt!

Das zweite Problem hat sogar einen wissenschaftlichen Namen samt Definition:

> **Ammenschlaf**, Bezeichnung für eine temporäre Veränderung des Schlafverhaltens einer einen Säugling betreuenden Person. Vom Säugling ausgehende Weckreize in Form kleinster motorischer Unruhe, Lautäußerungen von geringer Intensität (Schallfrequenz bis zu 3000 Hz) oder Geruchsreize (Einkoten oder Erbrechen) wecken sofort die in unmittelbarer Nähe schlafende Bezugsperson und lösen deren Zuwendung in Form von Anwesenheitssignalen oder Betreuung aus. Geräusche bedeutend größerer Lautstärke wie Baulärm oder Straßenlärm können die Bezugsperson aus ihrem Ammenschlaf nicht wecken, babyspezifische Reize jedoch sofort.[6]

Im Klartext bedeutet das, dass betreuende Personen, die neben einem Baby schlafen, zwar nicht von Atombombenabwurfgeräuschen aus ihrer Erschöpfungsohnmacht geweckt werden können, dafür aber von jedem kleinsten Babypups. Und dass Babys die wahren Pupsmaschinen sind, das wissen wir ja alle.

Im Ergebnis schlafen Kinder betreuende Personen also gar nicht bis schlecht. Das ist nicht schönzureden. Das kann ich nicht rosa anmalen und hübsch verpacken. Wer Kinder großzieht, war müde, ist müde und wird müde sein.

Natürlich wäre es wünschenswert, dass Omas, Opas und die Dorfgemeinschaft miterziehen. Dass die Last, die Schlaflosigkeit geteilt wird. Aber leider (ich bedaure das wirklich) ist das nur ein perfekter Traum. Die Wahrheit ist doch häufig, dass eine Person, eine Mutter (auch das bedaure ich als ungerecht, doch leider ist es meist die Mutter) nachts durch Mordor schunkelt, während der Rest der Bevölkerung selig schläft, liebt und träumt.

Ich kann dir keine Lösung bieten, ich kann dir nur eins versprechen: Es wird besser! Vielleicht nicht gerade in Nächten, in denen eine Monsterfamilie im Kinderzimmerschrank erscheint, das Kind das Abendessen aufs Kopfkissen speit oder seine krakenmäßig vielen Gliedmaßen im Schlaf auf dich wirft. Aber so generell.

Und irgendwann kommt sogar die Zeit, wo man wieder anfängt, den Kopf vorsichtig auf die Brust des Kindes zu legen, um nach Atemgeräuschen zu horchen. Um 13:30 am Mittag. Nur dass dein Promillestand wieder bei 0,00 angelangt ist, während der des Kindes zweifelhaft bleibt.

Neid

~~GUNST~~

Andere Mütter haben immer alles besser im Griff. Ihre Klamotten haben nie Breiflecken, ihre Haare sehen nie aus wie Vogelnester, und offenbar besitzen sie sogar ein Bügeleisen. Außerdem sagen ihre Justusse und Charlottes nie «Mama, du Kackapups».

Und dann ist da ja noch Katrin, die hat nicht mal Kinder. Sie schläft jedes Wochenende aus. Und das auch noch in einem Luxushotelzimmer in Paris gemeinsam mit ihrem neuen Freund. Hach! Aber, ist das wirklich so? Ist das Gras auf anderer Frauen Weiden wirklich grüner, oder stimmt nur etwas mit unserer Brille nicht?

In wenigen Phasen meines Lebens habe ich so viele Frauen kennengelernt wie in der Zeit, als ich schwanger war und Mutter wurde. Frauen, die sich in einer ähnlichen Lebensphase befanden. Frauen, deren Bäuche wuchsen. Frauen, die frisch entbunden haben. Frauen, die ihre Kinder in den Kindergarten eingewöhnten, in Krabbelgruppen krabbelten, beim Kinderarzt im Wartezimmer warteten. Mütter. Kaum war ich schwanger, war ich umzingelt von Müttern. Die einzige Mutter in meinem Leben, die bis dato eine Rolle gespielt hatte, war meine. Die Frau, die mich geboren hat. Ich wusste schon, dass es auch noch andere Mütter gab, ich nahm sie nur nicht wahr. Sie spielten in meinem Leben keine Rolle. Unsichtbar machten sie ihr Ding. Lebten ihre Parallelleben, die mich nichts angingen und noch weniger interessierten. Ich nahm Mütter nicht als Gruppierung wahr. Bis ich selbst eine werden sollte. Plötzlich waren sie da. Mütter, wohin das Auge reichte. Werdende Mütter. Frischgebackene Mütter. Mehrfachmütter. Alte Mütter. Junge Mütter. Mütter, Mütter, Mütter. Super! Oder?

Der Mensch gehört gerne Gruppen an. Das ist noch so ein Rudelding aus der Zeit, in der wir in Höhlen ums Feuer saßen und alleine keine Chance auf Überleben gehabt hätten. Wegen Säbelzahntigern, Mammuts und anderen Unwegsamkeiten der frühen Steinzeit. (Ich habe übrigens extra nachgelesen, ob Säbelzahntiger gleichzeitig mit Menschen gelebt haben. Ja, und Hilfe!) Jedenfalls. Rudelbildung is a thing. Und mich schließt das ganz und gar nicht aus. Ich will mitspielen. Ich will dabei sein. Ich will dazugehören. Und kaum wuchs der klitzekleine Zellhaufen in meinem Bauch, wollte ich nichts lieber als mich dem Mütterrudel anschließen. Sie sollten mich aufnehmen. Mit mir Beute jagen und den Mond anheulen. Oder so ähnlich. Nur, so einfach war das gar nicht. Auf das erste Beschnuppern folgten oft hochgezogene Augenbrauen. Wo ich auf Schwanzwedeln hoffte, wurden die Zähne gefletscht. (Sorry, nach den Säbelzahntigern habe ich noch einen Artikel über Wölfe gelesen.)

Jetzt könnte man meinen, sich einer Gruppe Müttern anzuschließen, sei einfach. Lauter nette Frauen, die ihre Körper willig mit Embryos teilen. Die bereit sind, auf Nachtschlaf zu verzichten, um sich um ein hilfloses Baby zu kümmern. Frauen, die Butterbrote für Kinder streichen, obwohl ihr eigener Magen seit Stunden nichts bekommen hat. Selbstlose Frauen. Sich aufopfernde Frauen. Frauen, die sorgen und kümmern. Die lieben und geben. Die Heiligen unter den Menschen quasi. Sich in eine Gruppe solch ehrwürdiger Personen, solch von Liebe beseelter Damen einzugliedern, müsste doch sein, als kehre man in den Schoß der eigenen Mutter heim. Man sollte an weiche Busen gedrückt mit rosarotem Applaus auf einer kuscheligen Wolke des Glücks und der Liebe empfangen werden. Theoretisch. Möchte man meinen. Zumindest hoffen.

Jetzt sind Mütter in ihrem Gruppenverhalten aber vor allem eins: absolut nicht homogen. Soll heißen: Jede tickt anders.

Die eine verteufelt fernsehen, während die andere zum zweiten Kindergeburtstag eine Peppa-Wutz / Paw-Patrol / Feuerwehrmann-Sam-Party schmeißt. Die eine ernährt ihre Kinder nur mit selbst angebautem Gemüse und Hafer vom schwäbischen Acker, während die andere Unmengen an Gläschensorten im Vorratsschrank hortet. Die eine besucht mit ihrem Kind alle Kurse zur kindlichen Früherziehung, während die andere zwei Wochen nach der Entbindung wieder am Schreibtisch sitzt und Vollzeit ihrer Lohnarbeit nachgeht. Eine Mutter lebt auf dem Dorf, die andere ist eingefleischte Städterin. Eine strickt alle Klamotten selbst, die andere bestellt dreimal die Woche bei H&M. Bei einer wird viel getragen, woanders gar nicht. Es wird gestillt. Es wird die Flasche gegeben. Kita ab drei Monaten. Kita, nein danke. Alleinerziehend. Großfamilie. Vegan. Bratwurst. Pampers. Stoffwindel. Haustier. Staubfrei. Homöopathie. Antibiotika. Aldi. Alnatura. Familienbett. Kinderzimmer. Arm. Reich. Alt. Jung. Verschieden.

Und darin liegt auch schon die Krux. Der Hund begraben. Der Säbelzahntiger erst recht. Diversität, also die Verschiedenheit von Menschen, ist mir grundsätzlich sehr sympathisch. Wie langweilig wäre es denn, wenn alle gleich wären? Aber genau das Ungleiche führt zwischen Müttern zu Kontroversen. Oder, wie es die Jüngeren unter uns gerne sagen: Beef. Vor einer, die es anders macht, müssen wir uns nämlich ständig verteidigen. Zumindest meinen wir das. Völlig subjektiv. Wenn Ursula in der Krabbelgruppe den selbst gestampften Kartoffel-Pastinaken-Brei aus der eigens gestrickten Wickeltasche zieht, dann meint Julia natürlich, sofort in den Rechtfertigungsmodus umstellen zu müssen, warum sie «nur» Gläschen füttert. Die sie auch noch vergessen hat. Mit der gesamten Wickeltasche. Im Auto. Direkt neben Ursulas Lastenrad. Und zack! Konflikt. Natürlich geht es dabei nicht wirklich um den Brei oder den CO_2-Ausstoß des Fortbewegungsmittels. Es geht um etwas Großes. Nämlich um nichts weniger als den eigenen Wert als Mutter. Bäm! Der Kartoffelbrei schreit das Gläschen mit dem Wort «Versagerin» an, während das Lastenrad dem SUV ein «Loserin» in den Lack kratzt. Zumindest in unseren Köpfen. Wo nach außen gelächelt und genickt wird, werden innerlich die Messer gewetzt und Fehler im Lebensentwurf der anderen gesucht. Als Mutter ist man nämlich ständig damit konfrontiert, den eigenen Lebensentwurf zu verteidigen. Den Lebensentwurf, den man unter schwierigen Verhandlungen mit Arbeitgebenden, unter tränenreichen Gesprächen mit dem Partner und in einem doch eher kinderfeindlichen System für sich als den machbaren gefunden hat. Wird dieser Lebensentwurf einem jetzt von Kartoffelbrei oder einem hässlichen Fahrrad infrage gestellt, reagiert man empfindlich. Verständlich, wer hat schon Lust darauf, sich von einer völlig fremden Gemüsepampe ohne jeglichen Geschmack als schlechte Mutter vorführen zu lassen? Ich nicht! Noch viel schlimmer ist aber, dass andere Ernährungsweisen, Fortbewegungsmittel oder Geburtsarten einem ständig vor Augen halten, wie es sein könnte. Wie viel besser. Oder einfacher. Schöner. Oder richtiger. Das ist natürlich

Babyöl auf die Mühlen unserer Unsicherheiten. Weil, wie beschissen wäre es denn, wenn wir einen Fehler gemacht hätten? Wenn wir die falsche Wahl getroffen hätten? Wenn unser Lebensentwurf, den wir echt nur unter Mühe entwickelt haben, der Zonk wäre und nicht die nigelnagelneue Waschmaschine? Heureka! Weltuntergang!

Aber genau unter diesem «Nehmen Sie Tor 3 oder entscheiden Sie sich für den Umschlag?»-Damoklesschwert stehen Mütter permanent. Diese vielen Mütter, diese ganzen anderen Frauen, die wir plötzlich kennenlernen, werden nicht zu unseren Mitstreiterinnen, zu unseren Freundinnen und Seelenverwandten, nein, sie halten uns permanent vor Augen, was bei ihnen besser läuft und bei uns alles schief. Anstrengend! Und das neben dreckigen Windeln, zu wenig Schlaf und vollgespuckten Blusen.

Konkurrenz belebt das Geschäft, heißt es. Aber Mutterschaft ist nun mal kein Business und Susanne nicht Adidas und Tina nicht Nike. Wir sind alle nicht bescheuert. Wir wissen, dass es besser wäre, wir täten uns zusammen. Wäre ja auch superschön. Viele Mütter, die zusammen ihre Kinder betreuen. Die sich unterstützen. Die füreinander da sind. Tatsächlich hatte ich mir so was erhofft. Ich hatte mir das so vorgestellt. Ich sah mich schon den ganzen Sommer lang mit Julia und Yvonne auf dem Spielplatz sitzen. Mit Latte macchiato und zwischendurch einem kleinen

Sekt. Julia bringt Macarons mit und Yvonne Erdbeeren. Unsere kleinen Schätze spielen friedlich miteinander, während wir uns amüsieren. Freundinnen fürs Leben. Hach! Die Wahrheit ist aber: Ich kann nicht mit jemand befreundet sein, der nie Spaghetti im Haar und Bolognese auf dem T-Shirt hat. Was soll das für eine Person sein? Eine Roboterfrau? Wie ist das möglich? Und warum schaffe ich das nicht? Was kann sie, was ich nicht kann? Was macht sie besser, anders, toller? Wo bin ich falsch abgebogen, und warum hat sie nie Augenringe? Ahhhhhhhhhhhhhh, NEID! Julias Mann nennt sie «Schönheit», während meiner nur irgendein «Hmpf» in meine Richtung ruft. Julias Haus ist ordentlich, während mein Haus eine Wohnung im dritten Stock ohne Fahrstuhl ist. Julia hat einen kinderlieben Labrador, während ich nur stumme Staubmäuse habe. Julia ist schön. Ich bin müde. Julia hat alles im Griff, ich kämpfe mich durch den Tag. Julia hat eine Hollywoodschaukel im Garten, und zwar die schönste, die ich je gesehen habe. Als Julia ihren Lebensentwurf als Mutter wählen musste, hat sie auf Tor 3 gezeigt. Bei mir hat es so laut gezonkt, dass ich das Geräusch nie so ganz aus meinen Gehörgängen vertreiben kann. Ich hasse Julia. So! Jetzt ist es raus. Yvonne natürlich auch. Die macht neben ihren drei Kindern und ihrem Vollzeitjob als Kinderärztin noch dreimal die Woche Sport. Und Friederike spendet all ihren Verdienst als Pfarrerin ans Frauenhaus. Ach, und wenn Tina nicht gleich aufhört, so blöd zu lächeln, während sie von den Mathe-Einsern ihres kleinen Johannes erzählt, dann polier ich ihr die Fresse. Ob ich wütend bin? Natürlich! Weil Neid scheiße ist. Unsympathisch und engherzig. Das weiß ich selber. Aber was soll ich machen? Ganz offensichtlich haben ja alle anderen Mütter ihre Leben im manikürten Griff. Und von den Nicht-Müttern will ich gar nicht erst anfangen. Den ausgeschlafenen, denen mit Hobbys und Liebesleben. Jenen, die jederzeit selbst über ihr Leben bestimmen können. Solchen, die alleine auf Toilette gehen dürfen.

Als Mutter sieht man vor allem eins: die eigenen Fehler. Die Schwächen. Die Unvollkommenheiten und die Wäscheberge im Keller. Wir wollen unbedingt und zwanghaft alles richtig machen. Schließlich geht es um nichts Geringeres als unseren Wert als Mutter und die Verteidigung unseres Lebensmodells. Wir wollten es ja schließlich alles so. Puh, Totschlagargument. Vor allem vor uns selbst. Sich einzugestehen, dass es nicht so gut läuft, vielleicht sogar richtig beschissen, ist superschwierig. Dann hasse ich doch lieber Julia mit ihren Macarons. Hasse sie für ihre Leichtigkeit. Und für ihre saubere Bluse. Was ich aber nicht weiß, ist, dass Julia mich auch hasst. Weil sie auch neidisch ist. Darauf, dass ich immer so witzig bin. Dass ich mich traue, zu sagen, was ich denke, und dass meine Kinder mich lieben bis zum Mond und zurück. Und Yvonne, die ist neidisch auf Tanja. Weil sie so furchtlos wirkt und so stark. Weil ihre Partnerin sie so offensichtlich vergöttert und weil ihre Nägel so hübsch natürlich sind.

Und schon stecken wir fest. In der Spirale aus Ablehnung und Neid. Und so sitzen wir alleine auf Spielplätzen und müssen unsere Kinder selbst bespaßen, während wir innerlich vor Einsamkeit und Langeweile vergehen. Wegen Kartoffelbrei und Lastenrädern. Das ist es doch wirklich nicht wert.

Ich war wirklich selten einsamer als in der Zeit, als meine Kinder noch richtig klein waren. Ihre Bedürftigkeit kettete mich an sie. Mein Leben war fremdbestimmt durch ihren Schlaf-, Ess- und Spielrhythmus. Sie brauchten mich, und ich wollte bei ihnen sein. Für mich, für mein eigenes Leben und meine Sozialkontakte blieb kaum bis kein Raum. Ich liebte es, mit ihnen zusammen zu sein. Aber, ach, wie vermisste ich Gespräche mit Erwachsenen. Austausch mit Gleichgesinnten. Wie sehr vermisste ich Mama Freundinnen. Die Babyzeit, die Kleinkindzeit – so toll und zauberhaft sie auch sein mag – ist eben auch unheimlich anstrengend und kräftezehrend. Darauf ist man nicht vorbereitet. Umso wichtiger ist es, in dieser Zeit nicht alleine zu sein. Mit seinen Ängsten, mit den vielen Fragen und mit der großen Unsicherheit. Aber genau in ihr liegt eben auch die Ursache, warum es zwischen Mamas oft nicht matcht, warum sie keine lustigen Spielplatzgrüppchen bilden. Keine Bande knüpfen. Die Unsicherheit – die alte Arschgeige – sitzt wie eine superschlecht eingestellte Brille auf unserer Nase und zeigt uns die anderen Mamas in strahlendem Licht, mit den besten Lebensentscheidungen. Und sie sorgt für einen schrägen Blick. Fungiert als Brennglas für die Fehler der anderen. Zeig uns die falsche Beikost, die billige Windelsorte, die Popocreme, die von Stiftung Warentest nur eine 3− erhalten hat. Und lässt uns so zu erhabenen Urteilerinnen werden. Weil kaum etwas gegen die eigene Unsicherheit besser hilft als die Fehler der anderen. Da wälzen wir uns emotional im Matsch aus Glückseligkeit und rümpfen voller Wonne die Nasen. Doch nicht so schlecht! Besser sogar! Juhuuuuu!

Tja, blöderweise sind Wettbewerb und Neid die erklärten Fressfeinde der Freundschaft. Da hilft nur eins: Runter mit der Brille und das Narrativ ändern. Aus besser wird anders. Aus schlechter wird unterschiedlich. Und statt zu neiden, schauen wir lieber mal genauer hin. Warum hat die andere sich für ihr Lebensmodell entschieden, und bedeutet das sofort, dass sie meins verurteilt? Ich habe vielleicht keinen Bock, stundenlang in der Küche Brei zu kochen, Anja entspannt es aber nach einer Nacht voller Babykolikengeschrei. Und vielleicht fährt Meike ein Lastenrad nur, weil sie dreimal durch die Führerscheinprüfung gefallen ist. Wer weiß das schon? Wenn wir erst mal anfangen zu verstehen, dass die andere Person Dinge nicht macht, um uns zu übertrumpfen oder abzuwerten, sind wir direkt einen großen Schritt weiter auf dem Weg zur best mama friend forever. And ever.

Unter jedem Dach ein Ach. Das ist eine der wahrsten Plattitüden, die mir je begegnet sind. Wir struggeln alle. Besser, wir tun es zusammen. In diesem Sinne also: «Hallo, mein Name ist Marlene, und ich habe furchtbare Angst, die ganze Mamasache zu verkacken. Wollen wir Freundinnen sein?»

Angst

~~MUT~~

Dinge, die mir Angst machen:

Die Begegnung mit einem Grizzlybärweibchen, nachdem ich versehentlich ihrem Jungen auf den Schwanz getreten bin.

Eine Hand, die sich mitten in der Nacht unter meinem Bett hervorschiebt und meinen Fußknöchel packt.

Ein sich unter mir öffnender Erdspalt.

Ein Wespenschwarm, nachdem ich in ihr Nest gestolpert bin.

Ein überraschender Vulkanausbruch im Garten.

Eine unangekündigte Mathearbeit, zwanzig Jahre nachdem ich die Schule beendet habe.

Bemerken, dass ich unbekleidet in dieser Mathearbeit sitze.

Ein Tiger im Supermarkt.

Ratten, die mir in den Hosenbeinen hochklettern.

Beim Schwarzfahren erwischt werden. Auch nackt.

Die Bremsen meines Autos funktionieren nicht. Was ich aber erst drei Meter vor der Klippe in den tosenden Ozean bemerke.

Aufwachen und feststellen, dass ich auf einer Eisscholle ausgesetzt wurde.

Ein Hallenbad voller verlorener Hühneraugenpflaster. Ich mittendrin.

Drei Dobermänner, die auf mich zuhechten. Das Herrchen ruft: «Die wollen nur spielen.»

Der kleine Junge aus «Friedhof der Kuscheltiere», nachdem er vom Lastwagen überfahren wurde und wiederauferstanden ist.

Ehemänner, die ihre Frauen «meine Holde» nennen.

Weintrauben im Salat.

Rosinen im Käsekuchen.

Eine leere Kaffeedose.

Jede einzelne Person am Ballermann, beim Après-Ski oder auf einem Andreas-Gabalier-Konzert.

Andreas Gabalier.

Mario Barth.

Der Geruch beim Öffnen der schmutzigen Geschirrspülmaschine an einem heißen Tag.

Dasselbe bezogen auf die Restmülltonne.

Die Maden in der Restmülltonne.

In eine Wasserleiche schwimmen.

In Hundekacke treten, ausrutschen und mit dem Gesicht voran in Katzenkacke fallen.

Einen unheilbaren Tinnitus bekommen, der David-Garrett-Melodien piept.

David Garrett.

David Garrett, der Melodien aus *Fluch der Karibik* spielt.

Ohnmacht auf dem Aldi-Parkplatz. Alle starren.

Brechdurchfall.

Nazis.

«Arschloch» schreien und bemerken, dass ich den Telefonhörer noch nicht richtig aufgelegt habe.

Die Steuererklärung.

Der Steuerbescheid.

Das Festnetztelefon klingelt. Nachts.

Mit einer fremden Person fünf Stunden im Fahrstuhl stecken bleiben und dringend Pipi müssen.

Zecken.

Lkw-Fahrer, die sich am Steuer die Fußnägel schneiden. Bei 140 km/h.

Fremde Fußnägel.

Die Worte «Wir müssen reden».

Ein Greifvogel fliegt auf meinen Kopf, verheddert sich, wird panisch und skalpiert mich schließlich.

Das Dschungelcamp.

Der Bachelor.

Die Bachelorette.

Ein Vampir, der bei mondheller Nacht sein Gesicht an das Dachfenster über meinem Bett drückt.

Wladimir Putin.

Donald Trump.

Kim Jong-un.

Atombomben.

Nervöse Flugbegleiter*innen.

Ärztliches Personal, das während der Untersuchung plötzlich «Oh» sagt.

Jemand, der mir anonym rote Rosen schickt.

Menschliche Laute aus meinem Kofferraum.

Ich stehe an der Schranke des Parkhauses und finde das Ticket nicht mehr. Hinter mir eine lange hupende Schlange. Fäuste werden in die Luft gereckt.

Und täglich grüßt das Murmeltier wird neu verfilmt. In der Hauptrolle Matthias Schweighöfer. Regie: Til Schweiger.

Plötzlich wird festgestellt, dass ich mein Examen doch nicht bestanden habe.

Die fremde Person neben mir im Zug muss sich übergeben.

Ich fahre durch Kanada und finde am Wegesrand einen süßen braunen Hundewelpen. Ich nehme ihn mit nach Hause. Wochen später frisst der junge Bär mich im Schlaf auf. (Das ist wirklich mal passiert. Ich habe es im Internet gelesen, also ist es wahr.)

Menschen, die «zum Bleistift» sagen.

Immobiliarsachenrecht.

Physik.

Chemie.

In einer engen Röhre feststecken, die mit Wasser vollläuft.

Im Dunkeln durch ein verlassenes Industriegebiet laufen. Plötzlich eine Hand auf meiner Schulter.

Wegen eines Justizirrtums ins Gefängnis zu müssen.

Clowns.

Zauberer.

Alleinunterhalter.

Ich mache in der Chatgruppe einen Witz. Keine Reaktion.

Ein Silvesterböller fliegt mir hinten in die Jacke.

Alle anderen merken, dass ich in Wahrheit nur so tue als ob.

Toxische Maskulinität.

Der Klimawandel.

Narzisst*innen.

«Viel zu früh» und «plötzlich und unerwartet».

Candy Crush wird vom Markt genommen.

Der Monat November.

Karlsson vom Dach.

Jemanden, den ich kenne, in der Sauna treffen.

Bei der 100-Euro-Frage von *Wer wird Millionär* ausscheiden.

Niemand will dieses Buch lesen.

Aber nichts, wirklich gar, gar nichts macht mir so große Angst wie das Muttersein.

Denn: Wie sollte man keine Angst haben, wenn das Liebste, das Kostbarste, das Schützenswerteste sich plötzlich außerhalb des eigenen Körpers befindet, sich dabei aber verhält wie ein betrunkener Affe auf Rollschuhen?

Seit ich Mutter bin, habe ich ständig und immer die größten Ängste. Weil meine Kinder, die haben schon mal keine. Vielleicht vor Monstern hinterm Vorhang, aber bestimmt nicht um die eigene körperliche Unversehrtheit. Sie hüpfen von Schränken, stecken sich Murmeln in alle Körperöffnungen und rennen jubelnd auf achtspurige Autobahnen. Wenn ich sie lassen würde.

Blöd, denn Angst ist grundsätzlich eine wichtige Sache. Sie warnt vor Gefahren und bewahrt vor potenziell tödlichen Situationen. Also, normalerweise. Okay, manchmal ist die Angst auch ein richtiger Scherzkeks und verhindert, dass Frauen über vierzig (ähm, ich) über harmlose Gullydeckel gehen können, weil sie befürchten, der Clown aus dem Film *ES* könne auftauchen und sie in die Kanalisation entführen. Aber meistens macht die Angst ihren Job doch recht gut. Sie sorgt dafür, dass wir uns nicht lachend von Abgründen stürzen oder fröhlich winkend in brennende Häuser rennen. Sie warnt und mahnt. Sie passt auf uns auf und beschützt uns. Wie eine Mutter.

Exakt, wie eine Mutter. Gerne auch wie ein Vater. Als Elternteil übernimmt man nämlich das Angsthaben für das Kind mit. Denn frühestens ab dem vierten Lebensjahr entwickeln Kinder überhaupt erst ein Bewusstsein für reale Gefahren. Bis das aber voll ausgeprägt und entwickelt ist, dauert es noch viele Jahre. Kinder sind nicht in der Lage, Konsequenzen richtig einzuschätzen. Sie wägen nicht ab. Sie handeln nicht vorausschauend. Sie treffen keine Vorkehrungen. Sie halten sich für unkaputtbar. Für Ironman. Für Superwoman.

Kinder lernen viel durch ausprobieren. Woher sollen sie wissen, dass sie nicht fliegen können, dass Feuer heiß ist und ein Messer scharf? Sie haben keine Ahnung davon, dass manche Hunde es wirklich nicht mögen, wenn man auf ihnen reitet, und Autos so was wie einen Bremsweg haben. Sie verstehen nicht, dass 3 Millimeter dickes Eis nicht zum Schlittschuhfahren geeignet ist und Treppen – holterdiepolter – zu schweren Stürzen einladen. Das müssen sie erst lernen. Ausprobieren ist in diesen Fällen aber eher mittelgut. Und deswegen brauchen sie uns. Wir müssen ihre Angst sein. Mahnen und warnen. Ihre innere Stimme, die «Stopp», «heiß» oder «Vorsicht» schreit. Das Dilemma ist natürlich, dass die kindliche Neugier uns unseren Job der warnenden Angst unheimlich schwer macht. Die Natur will einerseits, dass das Kind ausprobiert und forscht. Dass es aus Erfahrung klug wird. Andererseits hat die Natur aber auch echt Bock auf grundsätzliches Überleben der Spezies Mensch und überträgt dem zum Kind zugehörigen Erwachsenen den Job der Angst. Es steht also die Angst habende große Person gegen die neugierige, angstfreie, kleine Person.

Und damit sind wir ununterbrochen im Einsatz. Ganz schön anstrengend.

Und sie fängt früh an, diese Angst, die wir ersatzweise für das Kind übernehmen. Sobald ich wusste, dass ich schwanger bin, das Kind in mir war lediglich ein klitzekleiner Zellhaufen, hatte ich Angst um es. Jetzt war es natürlich in meinem Bauch noch nicht sonderlich wagemutig. Es versuchte nicht, mit Tigern fangen zu spielen oder auf die Spitze des örtlichen Kirchturms zu klettern. Das nicht. Aber trotzdem. Was alles passieren könnte. Ich machte mir über alles Sorgen. Herzstillstand. Wachstumsstopp. Fehlbildung. Nichtbildung. Falschbildung. Zu-früh-Bildung. Zu-spät-Bildung. Nie Bildung. Gendefekt. Krankheit. Zu klein. Zu groß. Zu leicht. Zu schwer. Zu viel. Zu wenig. Hilfe!

Jetzt muss ich gestehen, meine Angst nimmt ihren Job ziemlich ernst. Sie zieht wirklich jede Eventualität in Betracht und schießt damit oft laut knallend übers Ziel hinaus. Am liebsten würde ich meine Kinder in diese durchsichtigen Riesenbälle stecken. Nur dass diese Bälle nicht aus profanem Plastik wären. Sie wären aus schuss-, feuer- und stichsicherem Material. Innen herrschte das optimale Raumklima mit gefilterter, viren- und bakterienfreier Luft und angenehmer Temperatur. Natürlich könnte ich sie in ihren Bällen jederzeit tracken und über einen kleinen Monitor überwachen. Sollte jemand Fremdes sich ihnen nähern, würde irgendwer versuchen, sie zu ärgern, anzugreifen oder gar mitzunehmen, würde der Ball schmerzhafte Blitze absetzen. Klingt gut, oder? Sicher. Ungefährlich. Aber halt auch superspaßbefreit, isoliert und megaunheimlich. Möglicherweise bliebe das Kind bei dieser Methode körperlich unbeschadet, was das aber mit der kindlichen Psyche zu tun vermag, ist unschwer vorstellbar. Und so müssen wir als Eltern ständig auf dem dünnen Drahtseil des Mittelwegs balancieren. Zwischen Überbehütung und Fahrlässigkeit. Wir müssen die Nabelschnur nach und nach lockern, die Kinder eigene Erfahrungen machen lassen und darauf vertrauen, dass alles gut wird.

So wichtig, aber eben auch so beängstigend. Und deswegen stehen wir ständig am Fenster und warten, dass das Kind heil aus der Schule kommt. Wir liegen nachts wach und machen uns Gedanken, ob es im Kindergarten ordentlich behandelt wird. Wir fragen uns ständig, ob es genug isst, trinkt und lacht. Wir halten die ganze Nacht hellwach das Handy in voller Lautstärke in der Hand, wenn es zum ersten Mal im Landschulheim ist. Wir machen uns Sorgen über komische rote Flecken hinterm linken Kinderohr oder die eigenartigen Geräusche, die das Kind im Schlaf macht (rüpüüü, rüpüüü – ist das normal?). Wir haben Angst, das Kind könnte auf dem Schulweg entführt, zu Drogen verführt oder in eine Sekte geführt werden. Und das Schlimmste ist: Es hört einfach nie auf. Anfangs beziehen sich unsere Ängste vielleicht auf Treppenstürze und Ersticken durch Murmelverschlucken, später machen wir uns eher Sorgen über Mobbing, Drogen oder tödliche Mutproben. Letztlich ist es völlig egal, wie alt das Kind ist. Die Angst bleibt. Sie kommt vielleicht zwischendurch in neuem Gewand daher, aber verschwinden wird sie nie. Verdammt!

Aber: Erkenntnis ist ja bekanntlich der erste Schritt aus der Misere. Wir erinnern uns, die Angst ist nicht unser Gegner. Sie ist unser Freund. Unser Ratgeber, unsere Taschenlampe in dunkler Nacht. Unser Regenschirm im Sturm. Sie schützt uns. Sie achtet auf uns. Sie bewacht uns. Und solange unsere Kinder noch klein sind, müssen wir ihre Angst vertreten. Müssen die Lücke füllen, ihre Vorsicht, ihre Weitsicht sein.

Nur dürfen wir dabei eins nicht vergessen: Diese Angst darf uns nach und nach verlassen. Kinder werden nicht nur größer. Sie werden weiser. Sie lernen, Gefahren zu erkennen. Sie hören irgendwann auf, mit Karacho in tiefe, kalte Gewässer zu rennen oder auf Schnellstraßen Seilspringen zu üben. Sie erfahren, dass Feuer heiß ist und Messer scharf sind. Wir haben sie oft genug ermahnt, im Winter Schuhe und im Sommer Sonnencreme zu tragen. Sie haben gelernt, dass nicht jeder nur das Beste im Sinn hat und dass Handlungen Konsequenzen mit sich bringen. Das dauert. Natürlich. Es ist ein Prozess. Aber irgendwann sind sie angekommen. Irgendwann ist der Zeitpunkt da, in dem wir aufhören dürfen, ihre Angst zu sein. Aufhören müssen.

Haha! Leicht gesagt. Während ich hier vom Loslassen predige, sorge ich mich genau in diesem Moment um meinen achtjährigen Sohn, dessen Wasserflasche vergessen in der Küche steht und mich schuldvoll anglotzt. Mein Sohn muss heute sechs Stunden Schule ohne sein Getränk aushalten. Ich habe schon «Dehydrierung» und «Nierenschaden» gegoogelt. Habe überlegt, in die Schule zu fahren und ihm sein Getränk zu bringen. Mich gefragt, ob ich die Lehrerin möglicherweise auch im Unterricht auf ihrem Handy erreichen kann, mit der Bitte, das Kind zu wässern. Ja, ich habe Angst um mein Kind. Mal wieder.

Aber, muss das sein? Mein Sohn hat einen Mund. Er hat Stimmbänder. Sein Spracherwerb ist abgeschlossen. Und er hat in seinen acht Lebensjahren schon viele Sozialkompetenzen erlernen können. Er ist in der Lage, sein Flüssigkeitsproblem selbstständig zu lösen. Zum Beispiel, indem er die Lehrerin fragt, ob sie ein Getränk für ihn hat. Oder ein Kind aus seiner Klasse bittet, ihm etwas abzugeben. Er könnte auch den Kopf unter den Wasserhahn halten und Leitungswasser – oh, wobei er das lieber nicht machen sollte. Die Schule ist sehr alt. Vielleicht sind die Rohre voller Legionellen. Oder Blei. Oder beidem. Ob ich mal bei den hiesigen Wasserwerken anrufen sollte? Vielleicht fahre ich doch lieber schnell in die Schule …

Die Angst loszuwerden, sie gehen zu lassen, den Angstjob zu kündigen, ist vielleicht doch nicht so einfach. Möglicherweise ist es sogar unmöglich (ziemlich sicher sogar). Wie wäre es also stattdessen damit, sie zu unserem leicht lästigen, etwas schrulligen, aber dennoch liebenswerten Kollegen zu machen?

So ein Harald, der einfach immer da ist. Den schon lange keiner mehr so richtig braucht, dessen Vertrag aber irgendeine komische Klausel hat, die verhindert, dass wir ihn in den Ruhestand schicken. Ein etwas brummiger Typ in Norwegerpulli und Birkenstocks, der Computer für neumodisches Zeug hält und alles lieber so macht, wie er das 1972 in der Berufsschule gelernt hat. Der alte Harald einfach, der immer etwas zu dicht von hinten aufrückt und einem so unangenehm in den Nacken atmet.

Dieser Harald klingt doch eigentlich gar nicht mehr so schrecklich. Klar, er nervt. Er ist schwerfällig und kommt meist im falschen Augenblick. Aber in aller Regel meint er es gut. Außerdem kocht er fantastischen Kaffee und bringt zu seinen Geburtstagen immer Torte mit. Die gute. Aus der Konditorei. Soll er halt bleiben. Wenn's sein muss, auch für immer.

Wut

SANFTMUT

Mütter sind in der Amoklaufszene kaum vertreten, und nichts könnte mich mehr wundern. Weil Mütter ständig unzählige Gründe hätten, vor Wut ihre pazifistische Grundeinstellung über Bord zu werfen und zur geladenen Kalaschnikow zu greifen.

Jetzt sitzt du vielleicht gerade gemütlich mit einem Melisse-Lavendel-Tee (für starke Nerven, auf dem Schildchen steht irgendwas mit Gelassenheit) auf der Couch, hast die Vanillekerzen angezündet, und aus den Boxen erklingt leise Coldplay? Eventuell fragst du dich, was ich eigentlich von dir will. Das Leben ist doch wunderschön. Ein Abenteuer, das gelebt werden will, und überhaupt kommt es doch nur auf die innere Einstellung an. Möglicherweise schüttelst du den Kopf über meine krude Gewaltfantasie, willst dieses Buch zur Seite legen und dich lieber wieder dem «Glück ist, was man selbst daraus macht»-Ratgeber widmen? Dann lass mich dir begründen, was hinter meiner Wut steckt. Hinter der Wut von so vielen Müttern, und warum sie absolut berechtigt ist.

Fangen wir direkt mal mit einer großen Sauerei an:

Eine Studie im Auftrag der Bertelsmann-Gruppe zeigt: Für das Jahr 2023 fehlen noch fast 400 000 Kitaplätze. Tja, blöd jetzt, wo doch in Deutschland jedes Kind ab einem Jahr einen gesetzlichen Anspruch auf einen Kitaplatz hat. Anette Stein, Expertin für frühkindliche Bildung der Bertelsmann Stiftung wird im Spiegel dazu so zitiert:

> «Das ist in doppelter Hinsicht untragbar: Die Eltern müssen die Betreuung selbst organisieren, während den Kindern ihr Recht auf professionelle Begleitung in der frühen Bildung vorenthalten wird.»[7]

Besser könnte ich es nicht ausdrücken, außer vielleicht: Eine verdammte Scheiße ist das!

Wir haben Eltern, die auf der einen Seite ihrer Erwerbsarbeit nachkommen müssen, weil Brot halt leider nicht auf Bäumen wächst und sich Miete nicht durch eine positive Einstellung bezahlen lässt, und Kinder, die Betreuung brauchen und Bildung verdienen.

Aber auch an der Qualität der Kinderbetreuung mangelt es gewaltig. Da hat man lottojackpotmäßig vielleicht endlich einen Platz in einer Kita ergattert, muss aber sein Kind jeden Tag mit einem mulmigen Gefühl dort abgeben. Der Spiegel berichtete, dass die Gewalt an Kitas (in diesem Fall in Nordrhein-Westfalen) stark angestiegen sei.[8] Teilweise haben sich die Meldungen über körperliche und seelische Misshandlungen seit 2019 sogar verdoppelt. Wut! Wut! Knallrote, lodernde Wut! Aber nicht auf die Erzieher*innen, die in der Regel ihr Bestes geben. Sondern auf ein System, in dem es nicht genug Gelder für Kinder und Familien gibt. Weil: Daraus resultiert die ganze Scheiße doch. Erzieher*innen werden nicht angemessen vergütet und erst recht nicht genug geschätzt. Der Beruf, der so wichtig ist und so schön sein kann, wird unattraktiv gemacht. So kommt es zum Fachkräftemangel, zum Kitaplatzmangel, zum Desaster für Familien, und die viel gepriesene Vereinbarkeit von Beruf und Familie stellt sich als große Lüge heraus. Homeoffice und Homekindergardening und Homebespaßungsclowning führt nämlich geradewegs in den Homenervenzusammenbruch. Ist nicht möglich. Kann niemand. Sollte auch niemand müssen.

Vielleicht ist eine Teilzeitstelle die Lösung? Tja, sorry. Dein Arbeitgeber bezahlt lieber vierzig Stunden in der Woche den kinderlosen Herrn Müller, der zwar die Hälfte der Zeit nur dumm rumsitzt und in der Nase bohrt, als dir eine zeitlich flexible Stelle zu schaffen. Weil Mütter ja so unzuverlässig sind. Die Kinder sind doch ständig krank, oder es sind Schulferien. Nein, nein. Dann lieber Herrn Nasenbohrer. Am liebsten möchte dein Arbeitgeber dich sowieso schon in der Schwangerschaft loswerden. Mütter kosten das Unternehmen nur Geld und bringen nichts, findet er. Na, schon Puls?

Erwerbstätig sein als Mutter – nicht immer einfach. Nicht erwerbstätig sein als Mutter – genauso blöd. Sich den ganzen Tag um Kinder zu kümmern, ist zwar mindestens so anstrengend wie ein Vollzeitjob (seien wir ehrlich: anstrengender!), wird aber halt leider null bezahlt. Weil man es ja so gewollt hat und die lieben Kleinen so niedlich sind. Und außerdem sitzt man ja eh den ganzen Tag nur auf seinem dicken Hintern rum. GRRRRRRRRRRRRRR!!!! Und wohin schlittert man direkt als nicht oder wenig erwerbstätige Frau, die sich ihr Leben lang für andere den Popo aufgerissen hat? Genau, in die Altersarmut. Na, herzlichen Glückwunsch und danke für nichts.

Familien wird es in unserem Land nicht gerade leicht gemacht, und meistens liegt das am Geld. Geld, das fehlt, weil Familien nicht als wichtig genug erachtet werden. Weil sie kein Wirtschaftsfaktor sind. Meine Wutliste wird beinahe unendlich lang:

Kitaplatzmangel. Lehrermangel. Schultoiletten, die so eklig sind, dass Kinder lieber den ganzen Tag nichts trinken, damit sie nicht müssen. Zu wenig Intensivpflegeplätze für Kinder in Krankenhäusern. Mangel an Kindermedikamenten. Schwimmbäder schließen, immer weniger Kinder lernen richtig schwimmen. Wenig kulturelle, bezahlbare Angebote für Familien. Die Lufthansa erhält staatliche Millionenhilfen, während

Jugendeinrichtungen schließen müssen. Kinderarmut. Hebammenmangel. Minderwertiges Schulkantinenessen ... Et cetera. Et cetera. Schallala.

Das ist alles ernst und leider gar nicht lustig und führt bei mir zu einer Wut, die sich aus Trauer und Frustration nährt. Einer Wut, der ich hilflos gegenüberstehe. Einer Wut, die mich schwächt und mir meine Energie raubt. Einer Wut, die ganze Bücher füllen kann, die es zum Glück auch schon gibt.

Und dann habe ich noch diese andere Wut in mir. Die Wut, die sich aus dem Leben mit Kindern ergibt. Die knallende und wilde Wut, die rückblickend oft in Lachen umschlägt. Die «Penatencreme auf dem Spiegel»-Wut. Die «Basketball-Gedribbel früh um sechs über dem Schlafzimmer»-Wut. Die «Mama, ich brauche für morgen in der Schule übrigens noch ein Herbarium mit mindestens 48 getrockneten Pflanzenteilen und den dazugehörigen wissenschaftlichen Erklärungen. Außerdem soll ich einen toten Frosch und den Flügel einer Fee mitbringen. Gute Nacht!»-Wut.

Nichts und niemand schafft es, mich wütender zu machen als meine eigenen Kinder. Sie stehen mir am nächsten. Sie gehen mir am nähesten. Nämlich direkt ins Herz. Und in die Wut. Die ja dort ihren Platz hat. Direkt in der pulsierenden Emotionsquelle. Neben der Liebe. Dem Schmerz. Dem Glück. Dem Leid. Also genau dort, wo meine Kinder die wichtigste Rolle spielen.

Aber nicht nur, dass meine Kinder räumlich einfach nah an der Wut sitzen und so einen kurzen Weg haben, sie anzulocken. Kinder sind unheimlich gut darin, fürchterlichen, wuterregenden Quatsch zu machen. Dinge, von denen man sich fragt, ob sie eigentlich komplett den Verstand verloren haben. Wie ebendiese unter Eltern allseits bekannten Moves, Möbel mit Marmelade einzuschmieren, das Meerschweinchen mit Edding anzumalen oder auszuprobieren, wie viele Klopapierrollen eigentlich in die Toilette passen. Kindliche Neugier aus der Hölle eben. Kennen wir alle. Haben wir alle schon erlebt. Wir alle kennen dieses Gefühl zwischen weinen, lachen und explodieren. Wir wollten alle schon ganze Räume unserer Wohnung einfach abfackeln, nachdem das Kind darin, nennen wir es, kreativ geworden ist.

Kinder zerstören, Kinder schmeißen runter, Kinder kippen um. Ständig. Täglich. Immer wieder. Und immer wieder werden wir von einer brüllenden Wut gepackt, die dafür sorgt, dass kleine Dampfwolken aus unseren Ohren quellen und unsere Hälse sich im Durchmesser verdreifachen.

Und nicht immer ist es leicht, seine Wut zu kontrollieren. Wut hat ihre eigenen Regeln. Sie erscheint, auch wenn unser Verstand uns sagt, dass sie sich gerade völlig übertrieben und unverhältnismäßig verhält. Manchmal schon bei den kleinsten Anlässen. Ich zum

Beispiel, ein grundsätzlich eher gechillter Mensch (alles andere ist mir zu anstrengend), habe mal auf die vorwurfsvolle Frage meines Kindes, warum es denn zu den gefühlt hundert verschiedenen Speisen, die ich zum Abendessen aufgetischt habe, nicht auch noch Kartoffeln gäbe, rohe Kartoffeln durch die Küche geschmettert, wie Boris Becker einst die Tennisbälle beim Aufschlag. Mit hochrotem Kopf und Wuttränen in den Augen. Und das war bei Weitem nicht mein erster und auch nicht mein letzter Wutanfall. Ich war wütend, weil das Kind nicht schlafen wollte und ich mir nichts sehnlicher wünschte als ein klein wenig Ruhe. Ich war wütend, weil etwas kaputtging, was mir wertvoll war. Ich war wütend wegen Flecken auf neuer Kleidung und dreckiger Unterhosen auf dem Fußboden. Wütend, weil das Kind keine Hausaufgaben machen wollte. Weil es Dinge vergaß, rumliegen ließ oder nicht sorgfältig behandelte. Wütend wegen des Chaos im Badezimmer oder des verlorenen Hausschlüssels (mal wieder).

Aber wirklich am häufigsten entstand diese Wut bei mir aus Überforderung. Weil ich nicht mehr konnte und wollte. Weil ich genug hatte von Dreck, Lärm und Unordnung. Weil ich keine Lust mehr hatte, Dinge geradezurücken oder den Karren aus dem Dreck zu fahren. Weil ich Stille wollte. Und allein sein. Einfach nur liegen. Ohne Müssen. Einfach nur ich sein. Und das – und jetzt wird es wirklich wichtig! – ist eine absolut gesunde Reaktion meines Körpers. Ganz häufig ist diese Wut nämlich keine Wut gegen das Kind, sondern eine «Mir ist alles viel zu viel, hör sofort auf mit allem»-Reaktion des Körpers und der Seele. Sie ist das große rote Stopp-Zeichen. Das «Jetzt reicht's aber wirklich» in Neonlettern.

Das seit Beginn der Sommerferien im Schulranzen vor sich hin gammelnde Salamibrot des Kindes ist meist nicht der Grund, das Kind selbst erst recht nicht, es ist lediglich der Auslöser. Das Feuerzeug am Benzinkanister. Was ich sagen will: Das Kind ist nicht schuld. Kinder wollen uns nicht absichtlich ärgern oder gegen sich aufbringen (ich finde den Gedanken, Kinder könnten kleine tyrannische Manipulierer sein, unglaublich ekelhaft, bösartig und gemein, was mich schon wieder wütend macht. Grrrr). Kinder wollen ihren Eltern gefallen. Kinder sind aber auch neugierig, kennen keine Konsequenzen und müssen erst lernen, was gesellschaftlich akzeptiert ist und was eher so gar nicht geht. Kinder sind neu im Menschsein. Sie dürfen probieren, Fehler machen und sich (für uns) schwierig benehmen. Sie können gar nicht anders.

Das heißt natürlich nicht, dass wir alles klatschend annehmen sollen, was Kinder so tun. Wir müssen natürlich unbedingt aufzeigen, wo Grenzen sind, und ihnen Regeln beibringen. Aber es hilft ungemein zu wissen, dass sich das Verhalten unserer Kinder nicht gegen uns richtet. Wir sind nicht ihre Feinde. Das sind wir nie. Wirklich, im kindlichen Wesen ist Feindschaft und Konkurrenz erst mal noch gar nicht vorgesehen.

Wenn wir das unterstellen, liegen wir ziemlich sicher sehr falsch. Der Feind der Wut, das, was sich abmildert und ihr Lodern löscht, ist das Verständnis unsererseits. Wenn wir verstehen, warum sich ein Kind vermeintlich «bockig», «schlampig» oder «zerstörerisch» verhält, entfernen wir uns direkt einen großen Schritt von der Wut.

Hier kommen meine drei wichtigsten (selbst schwer erlernten) Erste-Hilfe-Tipps gegen den eigenen Wutanfall:

1. Sprich folgende Worte: Mein Kind will mich nicht ärgern. Mein Kind will mich nicht ärgern. Mein Kind will mich nicht ärgern. Mein Kind will mich nicht ärgern. Mein Kind will mich nicht ärgern. Mein Kind will mich nicht ärgern. Mein Kind will mich nicht ärgern. Mein Kind will mich nicht ärgern. Mein Kind will mich nicht ärgern.
2. Atme: Ein. Aus. Ein. Aus. Ein. Aus. Ein. Aus. Ein. Aus. Ein. Aus. Ein. Aus. Ein. Aus. Ein. Aus. Ein. Aus.
3. Mach ein Foto von der Sauerei (nicht vom Kind) für Instagram und hol dir mindestens tausend Likes und viele Lacher. Lache mit!

Diese Wut auf das Kind ist also meist gar nicht wirklich gegen das Kind gerichtet, sondern ein Zeichen, dass jetzt echt mal Schluss ist. Schluss mit zu viel Verantwortung, Arbeit und Hinterherwischen. Und da liegt auch schon das Meerschweinchen, das die

Eddinganmalerei nicht so gut verkraftet hat, begraben. Dass sich eine Person zum Großteil alleine um ein (experimentierfreudiges) Kind kümmert, ist einfach zu viel des Guten. Das macht was mit uns. Das überfordert und zermürbt. Womit wir wieder bei den großen gesellschaftlichen Problemen von oben sind. Zu wenig Betreuungsplätze, zu wenig Entlastung für Familien, zu wenig Geld, zu wenig Aufmerksamkeit, zu wenig Achtung, zu wenig Anerkennung, zu wenig von allem. Nur zu viel Last. Von der bekommen wir nie genug. Und diese Schieflage, dieses Missverhältnis auf der Waage zwischen Sorge um andere und Selbstfürsorge führt zur Wut. Und da sitzt sie richtig. Da gehört sie hin. Nicht zum Kind und schon gar nicht zu sich selbst, weil man es eben nicht geschafft hat, in einer Nacht ein Herbarium zu basteln, gleichzeitig 38 Muffins für das Sommerfest des Turnvereins zu backen und die Steuererklärung zu machen. Unsere Überforderung ist real. Sie existiert. Wir stehen ständig vor Aufgaben, die nicht mal Tom Cruise in *Mission: Impossible* meistern würde. Nein, der würde sich umdrehen und wegrennen. Mission: failed. Zu Recht.

Wut ist gut! Ehrlich. Sie zeigt uns, dass es gewaltig hakt im System. Die Liste der Gründe, warum Mütter ausrasten könnten (und sollten!), ist endlos.

Kommen wir also wieder zur Ausgangsfrage. Warum so wenig Amok? Was hält uns ab? Nun, auch dafür gibt es mehrere Gründe. Wobei der entscheidendste ist, dass wir einfach keine Zeit dazu haben. Zwischen Erwerbsarbeit, Hausaufgabenbetreuung, kochen, putzen, Popo abwischen, Streit schlichten, das Meerschweinchen waschen, Taxi spielen, einkaufen, kochen (was keiner isst) und völlig lethargisch auf der Couch vor und zurück wippen, existiert leider kein Timeslot für Amok. Der Kalender ist dicht. Alles ausgebucht.

Außerdem ist so ein Amoklauf bestimmt eine fürchterliche Sauerei. Und wer muss am Ende wieder den ganzen Dreck wegmachen? Genau, die Mutti. Puh, nein. Viel zu anstrengend!

Kurz mal Scherz beiseite. Gewalt ist natürlich nie, nie, nie eine Lösung. Und wenn ich von Amokläufen spreche, höchstens in einer völlig überdrehten Comicfilmversion mit dem Kojoten und diesem Meep-Meep-Typen. Oder Tom und Jerry. Von mir aus auch Itchy und Scratchy. Ihr versteht schon. Aber die Wut. Die ist gut und berechtigt.

Nur leider wird Wut Frauen in unserer Gesellschaft gar nicht gerne gestattet. Das ziemt sich nicht. Frauen sollen nett sein. Und mild lächeln. Nicht laut. Nicht wild. Und vor allem nicht hysterisch. Hysterisch, puh! Auch so ein Ding. Hysterie bezieht sich ihrer Wortherkunft nach auf die Gebärmutter (von altgriechisch ὑστέρα [hystéra], deutsch: Gebärmutter) und wird dadurch als weibliche Eigenschaft definiert. Sie ist sozusagen das altgriechisch-gelehrte Synonym für: «Was bist du denn so mies drauf, hast du deine Tage?

Haha.» Und so wird Frauen schon von klein auf die Wut abtrainiert. Erst recht als Mutter. Mutterschaft und Wut passen nicht zusammen. Findet die Gesellschaft. Finden der Nachbar und der Opa. Also schlucken wir runter, richten die Wut gegen uns, suchen Fehler im eigenen Handeln, versuchen, uns zu verbessern, machen weiter. Einfach immer weiter. Bis wir nicht mehr können. Und dann trotzdem noch. Kollaps. Scheiße.

Und das muss aufhören. Also seid wütend! Aber nicht wegen der verschütteten Fanta auf der neuen Tischdecke. Sondern weil ihr immer diejenige sein müsst, die sie aufwischt. Das ist nämlich das Problem.

Wenn ich also das nächste Mal Kartoffeln durch die Küche schleudere, dann nicht wegen meiner Kinder, sondern wegen beschissener Familienpolitik und des Patriarchats. Das mag zwar erst mal nichts ändern, erleichtert aber ungemein. Und wenn wir Glück haben, filmt mich mein Kind heimlich dabei, lädt alles bei TikTok hoch, wo es die Bundesregierung (ja, die Bundesregierung ist eine Person, lasst mich) sieht und endlich etwas ändert. Und wenn nicht (na gut, ziemlich wahrscheinlich nicht), sorge ich wenigstens für ein paar Lacher, und dafür hat es sich ja dann auch schon ein kleines bisschen gelohnt.

Fürsorge

~~UNAB-
HÄNGIGKEIT~~

Kindererziehung ist kein Handwerk. Kinder sind keine Ikea-Schränke, die wir mithilfe der mitgelieferten Anleitung aufbauen können. Wir können uns nicht ein paar Stunden Zeit nehmen und unter Fluchen, Googeln und Verzweifeln etwas aufbauen, das wir am Ende stolz präsentieren. Was ich sagen will: Die Arbeit, die Zeit und oft auch das Gefluche sind völlig unsichtbar. Am Ende eines harten Tages mit Kindern steht kein Werk. Kein Möbelstück, das wir bewundern können. Kein neuer Pullover. Keine tapezierte Wand. Keine achtstöckige Torte. Nichts zum Vorzeigen (und erst recht nichts zum Aufessen). Und deswegen werden Eltern immer noch mit einem Satz auf die rekordverdächtig hohe Palme gebracht: «Was machst du eigentlich den ganzen Tag?»

Eltern wissen natürlich, dass Kinder auf ihrem Weg zu begleiten, mächtig viel Arbeit ist. Stillen. Wickeln. Füttern. Baden. Anziehen. Umziehen. Vorlesen. Spielen. Rumfahren. Trösten. Kümmern. Tragen. Erziehen. Hinterherputzen. Tonnenweise Schmutzwäsche waschen. Aufräumen. Fragen beantworten. Streit schlichten. Helfen. Brotdosen richten. Dinge hinterhertragen. Bei den Hausaufgaben helfen. Streiten. Kuscheln. Singen. Erklären. Organisieren. Pläne über den Haufen schmeißen. Noch mal putzen. Und noch mal. Waschen auch. Ständig. Müll aus Kinderzimmern und Schulranzen sammeln. Überhaupt Müll. Müll. Müll. Aussortieren. Umsortieren. Neusortieren. Rumfahren. Immer wieder. Im Verein anmelden und dann wieder abmelden, weil doch nicht. Kindergeburtstagsgeschenke kaufen. Kochen, was keiner will. Doch wieder Nudeln mit Ketchup. Haustiere ausreden. Gesunde Ernährung einreden. Ermahnen. Loben. Anfeuern. Beschützen. Löcher stopfen. Schuhe kaufen. Und Hosen. Alles. Nächte durchwachen. Elterngespräche. Vokabeln abfragen. Das mit dem Genitiv erklären und wie viel acht Eier kosten. Malen. Zählen. Buchstabieren. Schuhe binden. Gesundmachen. Begleiten. Nein sagen und nach dem fünften Mal doch ja. Verlorene Gegenstände suchen. Lachen. Weinen. Sich freuen. Angst haben. Sich sorgen. Lieben. Ganz doll. Und das immer wieder von vorne. Ohne Zielgerade. Eine Endlosschleife.

All das tun wir den ganzen Tag. Und noch viel mehr. Lauter kleine und große Dinge. Schnell mal hier und kurz mal da. Immer auf dem Sprung. Puh, anstrengend. Fühlt sich an wie Arbeit. Sollte ich das nicht freudig und selbstlos tun? Und warum stehe ich kurz davor, die ganze Welt anzuzünden, wenn mich noch mal jemand belächelt, weil ich ja «nur» Teilzeit arbeite?

Nun, das Problem ist das Framing. Das was? Das Framing, die Bedeutung, die die Gesellschaft dem Begriff der Arbeit gibt. Ich habe immer das Gefühl, wenn von Arbeit gesprochen wird, bekommt nur der Anerkennung, der so richtig ächzt. Derjenige, der fast zusammenbricht. Der 50-Stunden-Malocher. Nur das wird so richtig als Arbeit anerkannt. Arbeit heißt Schmerz. Arbeit heißt, sich körperlich und geistig an die Grenzen des Ertragbaren zu bringen. Wobei auch innerhalb des Geächzes unterschieden wird. Pflegekräfte ächzen auf jeden Fall. Völlig berechtigt. Ihre Arbeit ist hart, emotional belastend und schmutzig. Trotzdem bekommen sie für ihre Arbeit weniger Beifall als ärztliches Personal. Komisch, oder? Und falsch natürlich. Aber zusammengefasst arbeitet in unserer Gesellschaft derjenige am meisten, der sehr viele Stunden sehr angesehene Arbeit erbringt, dabei viel, viel, viel Geld verdient, im Hass fast untergeht und mit fünfzig am Herzinfarkt stirbt. Das ist Arbeit!

Der Helmut und der Michael, das sind fleißige Schaffer. Die ernähren auch ihre Familie. Wichtig, wichtig. Wie die sich aufopfern. Oder damals, als der Opa Heinz noch jeden Tag um fünf im Steinbruch die Stechuhr gedrückt hat. Nie war der krank. Keinen Tag. Und Urlaub hatte der auch nur zwei Tage im Jahr. Selbst am Heiligabend hat er noch nach Kohle gegraben. Hatte dann später halt das mit der Lunge. Gehustet hat der wie ein Pferd. Das Taschentuch immer voll mit blutigem Auswurf. War früh im Grab. Aber was der für seine Familie getan hat. Das war noch richtige Arbeit.

Was aber absolut nicht als Arbeit angesehen wurde, ist das, was Hildegard gleichzeitig achtzehn Stunden am Tag für die sechs Kinder getan hat. Heinz hat gearbeitet. Hildegard war zu Hause. So war das. Genau das ist Framing. Kohlebau – Arbeit. Hausfrau und Mutter – arbeitet nicht.

Und leider ist das immer noch so. Also fast. Nur ein kleines gallisches Dorf, äh, eine kleine Gruppe Menschen, geht in den Widerstand. Den mentalen Widerstand. Sie denken nämlich um. Neu. Und das ist so wichtig und gut. Sie machen den Unterschied: in Care-Arbeit und Erwerbsarbeit.

Erwerbsarbeit ist klar. Das ist das mit dem Steinbruch. Okay, oder mit dem Büro. Der Praxis. Dem Supermarkt. Ihr wisst schon. Und Care-Arbeit? Care-Arbeit ist das Kümmern und Sorgen. Dieser lebensausfüllende Job an dem Kind oder dem zu pflegenden Angehörigen. Die Arbeit ohne Feierabend. Ohne Pausen. Ohne Urlaubsanspruch oder Bezahlung der Überstunden. Ohne Krankheitsvertretung und Gewerkschaft. Kein Weihnachtsgeld. Kein Arbeitsschutz. Keine Kantine und auch kein Obst im Besprechungsraum. Erst recht kein Flipper oder Billardtisch. Und was es absolut und überhaupt nicht gibt, ist Gehalt. Und genau deswegen wird Care-Arbeit auch nicht als Arbeit angesehen. Arbeit soll doof sein und Geld bringen. Aber ist Arbeit nicht noch viel doofer, wenn sie kein Gehalt bringt?

Moment mal, ich muss kurz unterbrechen. Mich schreit da jemand an. Wie bitte? Was sagst du, Manfred? Ach so! Ich hätte mir das doch selbst so ausgesucht? Ich hätte ja keine Kinder bekommen müssen? Wäre auch besser so gewesen, wenn man mir so zuhört? Aha.

Jetzt ist Manfred mit seiner Meinung leider absolut nicht in der Minderheit. Manfred ist der Sohn von Heinz. Der aus dem Kohlebergwerk. Manfred hat selber achtunddreißig Jahre Kohle geschleppt und dabei eins ganz klar gelernt. Arbeit muss Leid erzeugen. Arbeit bedeutet, angeschrien zu werden. Sich kaputtzumachen. Schmerzen zu haben und die ganze Welt zu hassen. Und am Ende des Monats gibt es Gehalt. Meist zu wenig. Nur das ist Arbeit.

Arbeit darf auf keinen Fall selbst gewählt sein, Spaß machen oder irgendwie erfüllen. Arbeit und Freude passen nicht zusammen.

Puh, wie schade. Jetzt kenne ich viele Menschen, die mit ihrer Arbeit richtig glücklich sind. Die ihren Job selbst gewählt haben und jeden Tag gerne machen. Warum wird ihre Arbeit dann gerade noch als solche akzeptiert (wenn auch missbilligend von armen Malochern wie Manfred)? Weil sie am Ende des Monats Geld dafür bekommen. Den Lohn ihrer Arbeit.

Wer sich aber seine Arbeit selbst gewählt hat, herbeigewünscht, sie innig liebt und immer wieder so entscheiden würde, wer zwar 24/7 in Bereitschaft ist, oft an seine physischen und psychischen Grenzen gerät und jeden Abend erschöpft ins Bett fällt, aber am Ende des Monats keinen Gehaltsscheck bekommt, was macht der eigentlich? Der arbeitet nicht? Wirklich? Doch! Der leistet Care-Arbeit.

Ich befinde mich in der Regel werktags so zwischen acht Uhr und halb eins in meinem Erwerbsarbeitsbüro. Wenn ich mich mittags verabschiede, kann ich darauf wetten, dass irgendein Kollege (in der Regel ein etwas älterer männlicher) irgendwas im Sinne von «Du hast es ja gut. Jetzt schon Feierabend» hinter mir her brummelt. Leicht missbilligend, mit neidischem Gesichtsausdruck. Und so geht es vielen Teilzeitkräften. Jetzt hätte ich fast Teilzeitkräftinnen geschrieben, haha!

Wollen wir mal ein lustiges Ratespiel machen?

A) Mehr Männer sind teilzeitbeschäftigt.
B) Mehr Frauen sind teilzeitbeschäftigt.

Ja, in Ordnung. Tut mir leid. Diese Frage war sehr einfach. Ihr wusstet es schon: In Deutschland sind 69,3 % der erwerbstätigen Frauen mit Kindern unter 12 Jahren teilzeitbeschäftigt.[9] Das sind deutlich mehr als im europäischen Durchschnitt, wo es nur ein wenig mehr als ein Drittel der Frauen sind.

Ach, und der Grund?

A) Faulheit
B) Um 15:00 Uhr beginnt *Shopping Queen*, da müssen sie zu Hause sein.
C) Wollen sich nicht von so einer erfundenen Sache wie «Geld» versklaven lassen. Man kann schließlich auch fantastisch im Wald wohnen und sich von Beeren ernähren. Und von Bären.
D) Kinder

D! D! Und nochmals D! Auch diese Frage ist ohne den Einsatz von Jokern sehr einfach zu beantworten. Also grundsätzlich. Möchte man meinen. Wenn man ein wenig nachdenkt. Was der «Mäh, mäh, mäh, jetzt schon Feierabend»-Kollege eher nicht tut. Würde er nämlich einmal kurz überlegen, könnte er sich denken, dass ich oder Sabine, Julia oder Yvonne nämlich nicht direkt vom Schreibtisch auf die Couch wechseln. Oder zum Lunchdate mit Piccolöchen.

Nein, meist fängt jetzt erst die richtige Arbeit an. Oder korrekter gesagt: Sie geht weiter. Denn, wenn der Herr Kollege Neidhammel morgens gemütlich seinen Kaffee trinkt und sich sein Marmeladenbrötchen auf die Krawatte kleckert, während nebenbei das Frühstücksfernsehen läuft, ist bei Müttern gerade Schlussverkauf und Jahresabschluss in einem. Sie stopfen unwillige Gliedmaßen in Strumpfhosen. Sie richten liebevoll Brotboxen, die unangetastet wieder nach Hause gebracht werden. Sie reden gut zu. Sie erklären zum hundertsten Mal das mit der Schulpflicht. Sie wecken. Einmal. Zweimal. Dreimal. Jetzt aber wirklich. Sie kämmen Haare. Drücken den letzten Rest aus der Zahnpastatube. Sie suchen ihren Kaffee. Finden ihn letztlich kalt in der Schublade des Wickeltischs. Sie rennen. Sie rufen. Sie raufen sich zusammen. Sie hetzen. Sie herzen. Sie holpern in den Tag. Sie schreien, sie schlittern, sie schaffen es gerade so. Bis sie irgendwann endlich, endlich bei ihrer Arbeitsstelle ankommen. Mit wirrem Haar und wirrem Geist. Durchatmen. Das erste Mal an diesem Tag.

Kürzlich sprintete ich morgens noch schnell in den Supermarkt. Rasch noch vor dem Büro ein paar Dinge besorgen und dabei ganz bestimmt wieder irgendwas Wichtiges vergessen. Wer kennt es nicht? Beim Rausgeben des Wechselgelds kam die Dame an der Kasse ein wenig durcheinander (nicht, dass ich es bemerkt hätte, ich war geistig schon wieder gleichzeitig im Büro, bei den Kindern und der Frage, was ich meiner Freundin zum Geburtstag schenken könnte). Aber ihr fiel ihr Versehen auf, und sie entschuldigte sich bei mir. Entschuldigte sich mit der Begründung, dass sie noch nicht richtig da sei, weil ihre Tochter heute Morgen beim Abgeben im Kindergarten so sehr geweint habe.

Sie sei fix und fertig, könne sich nur schwer konzentrieren.

Da brach etwas in mir auf. Ich sah sie an. Und sah mich selbst. Und sah uns alle. Uns Mütter. Sah nicht mehr nur die Frau an der Kasse. Die Frau auf der Straße. Die Frau neben mir im Bus, auf der Rolltreppe oder an der Ampel. Ich sah das komplette Paket. Das ganze große Mutterpaket, das wir alle schwer, aber unsichtbar mit uns tragen. Wir Mütter tragen alle einen Rucksack auf unseren Schultern. Aus dem unsere Kinder schauen und all das, was sie mitbringen. Bauchweh, Heimweh, Wut. Schlechte Noten und Streit mit den Freundinnen. Halsweh und vergessene Hausaufgaben. Pausenbrote, Kindergeburtstage. Sorgen und Nöte. Schlechte Tage. Und gute. Sehnsucht und Aufregung.

Ein Rucksack, der sich an manchen Tagen schwer anfühlt und an anderen wieder ganz leicht. Ein Rucksack voller Aufgaben. Voller Anforderungen. Manchmal schmerzt sein Gewicht, manchmal beflügelt er uns. Aber immer ist er da. Immer auf unseren Rücken. Ob im Büro. In der Praxis. In der Konferenz. Oder eben an der Supermarktkasse.

Die Verkäuferin hat mich ihren Rucksack kurz sehen lassen, und am liebsten hätte ich sie mit zu mir nach Hause genommen. Hätte sie auf meine Couch gelegt, eine Decke um sie herum festgeklopft und ihr einen Kakao mit Sahne und Streuseln gekocht. Ihr den Rucksack abgenommen. Nur für ein paar Stunden.

So konnte ich nur mitfühlend nicken und nachdenklich den Supermarkt verlassen.

Ich kenne meinen Rucksack, weiß von seiner Existenz. Spüre ihn auf meinen Schultern. Mal leichtes Gepäck. Mal die Sorgen der ganzen Welt. Aber die Rucksäcke der anderen, die sah ich viel zu selten.

Stellen wir uns einfach mal vor, unsere Rucksäcke würden pink leuchten, gelb blinken, rot glitzern. Was auch immer. Stellen wir uns vor, sie wären nicht zu übersehen. Auf den ersten Blick für jeden zu erkennen. Mit all ihren Inhalten. Die Kinder auf unseren Rücken würden schon von Weitem winken und laut rufend erzählen, was der Tag schon gebracht hat und noch bereithält. Was das alles ändern würde! Wie anders unser Umgang miteinander sein würde. Ich bin fest davon überzeugt, dass uns das alle empathischer machen würde. Mitfühlender für die Situation der anderen. Es würde uns trösten und eine ganz neue Gemeinschaft schaffen. Sich völlig fremde Mütter würden einander auf der Straße ein «Unsere Kinder hatten heute Morgen schon einen Wutanfall wegen falsch eingeschenkter Apfelschorle»-Lächeln schenken. Julia würde Tina schnell einen Tipp bei kindlichem Bauchweh durch den Bus zurufen, und Andrea würde Anna mitfühlend zuzwinkern, weil auch sie eine durchwachte Nacht hatte.

Das wäre es doch. Wir tragen ab jetzt jeden Tag Schilder, auf denen wir stündlich unsere Aufgaben für jeden sichtbar aktualisieren. Leuchtende Pfeile würden auf uns zeigen, und aus Lautsprechern kämen die Durchsagen: «Diese Frau hat heute schon acht Windeln gewechselt, sechs Wutanfälle begleitet und dreimal Spinat von der Tapete geputzt. Zollt ihr Respekt.» Oder: «Sie hier hat die ganze Nacht ihr Baby gestillt, ihre Brüste schmerzen, die Müdigkeit bringt sie gleich um, und dennoch hat sie soeben einen langwierigen Vertragsprozess erfolgreich zum Abschluss gebracht.» Haha, oder: «Diese Frau hat ihren Sohn heute Morgen mit Halsweh und Schnupfen zur Schule gebracht, leidet unter einem schrecklich schlechten Gewissen, traut sich aber nicht, einen weiteren Kindkranktag einzureichen, weil ihr die Kündigung droht.» Und manchmal auch nur: «Ja, das ist Kinderkotze auf dem Shirt der Dame. Ja, sie weiß es selber. Nein, schauen Sie nicht so genau hin.»

Wir könnten jedem von unserem Rucksack erzählen, es in die Welt schreien und auf Häuser schreiben. Doch, Moment mal. Das tun doch viele von uns schon. Sie schreiben es auf. Sie erzählen es auf Instagram und im Fernsehen. Bücher sind voll davon. Es hört nur niemand hin. Und die, die zuhören, wollen uns als Lösung Self Care verkaufen. Yoga und Traumreisen. «Kümmer dich doch mal um dich» heißt es, wenn wir uns beklagen. «Mach doch mal was Schönes.»

Ehrlich, an Self Care nervt mich am meisten, dass ich es selber machen soll. Ich muss mir Zeit für mich nehmen. Mir den Rucksack runterhieven. Vorher einen geeigneten Rucksackabstellplatz finden. Nicht doch die Hälfte auf dem Rücken vergessen. Und dann soll ich mich schon wieder kümmern. Diesmal um mich. Dabei möchte ich mir keine Pausen im Kalender eintragen. Ich will keine Achtsamkeitsworkshops besuchen. Ich kann nicht abwechselnd durch meine Füße und Nasenlöcher atmen, und wenn mir noch mal jemand mit Meditation kommt, schreie ich bis Indien.

Ich will das alles nicht. Und ganz unbedingt will ich die Wörter Self Care nie wieder hören. Es sollte sie überhaupt nicht geben.

Ich will ein Leben, in dem ganz selbstverständlich Pausen stattfinden. Ein Leben, das so ausgeglichen ist, dass ich nicht darüber nachdenken muss. Weil nichts fehlt. Ein Leben, in dem sich schnell und langsam, laut und leise, still und schrill die Waage halten.

So ein Leben will ich.

Warum sind es immer wir, die etwas tun sollen? Warum sind es nicht die anderen, die die Augen aufmachen und den Rucksack endlich wahrnehmen? Die Neidhammel mittags im Büro. Der Chef bei der Aufgabenverteilung. Die Kundin an der Kasse. Die ganze Gesellschaft.

Warum sollen Mütter sich optimieren, sich besser organisieren, entspannen, um ihre Last zu erleichtern? Ist das nicht ziemlich unfair? Es ist nicht die Aufgabe von Müttern, sich pinke Pfeile auf den Kopf zu kleben, um andere an ihre Überlastung zu erinnern. Es ist die Aufgabe derer ohne Pfeil, sie selbstständig zu erkennen. Und vor allem entsprechend zu handeln. Mit einem Lächeln, einer helfenden Hand. Mit Verständnis und Zugewandtheit. Mit Respekt und Anerkennung. Mit Entlastung und Erleichterung. Und manchmal auch nur mit dem diskreten Zustecken eines Feuchttuchs für den Kotzefleck auf dem Shirt.

FR

Muttertät

~~AU? MUTTER?~~
~~BEIDES?~~

Mutter werden – Frau bleiben.

Klingt wie ein Werbeslogan für einen Diätdrink. Oder ein Schaumbad («Sauber duftend durch die Mutterschaft»). Tatsächlich gibt es kaum ein einschneidenderes Erlebnis im Leben einer Frau, als Mutter zu werden. Wenig stellt das Leben so kolossal auf den Kopf, kaum etwas ändert so viel. Und das völlig wertfrei. Ich spreche hier gar nicht über gut oder schlecht. Das muss jede Frau für sich selbst definieren. Vielleicht ist es ja auch irgendein Adjektiv in der Mitte (glecht, schut)? Vielleicht schwankt es von Ach nach Hach. Vielleicht weiß man das selbst nicht immer so genau. Worauf wir uns aber bestimmt alle einigen können, ist, dass alles anders wird. Neu. Und ganz bestimmt nicht so, wie man das vorher geglaubt hat.

Ein Kind zu bekommen, reißt dich mitten aus dem Leben. Hui, das klingt aber dramatisch. Nach Tod, nach schwerem Autounfall, plötzlich und unerwartet. Böse auf jeden Fall. Aber auch hier müssen wir mal völlig ohne Wertung rangehen. Das Leben, wie es vorher war, gibt es so nicht mehr. Mehr heißt das nicht. Und das stimmt ja wohl eindeutig, oder? Vergiss die Eheschließung, das erste Mal verliebt sein, den ersten Sex oder den Einstieg ins Berufsleben. Diese Ereignisse sind Pipifax im Vergleich zum Mutterwerden. Ich für meinen bescheidenen Teil bin sehr froh, aus dem Leben gerissen worden zu sein. Ich wurde nämlich directement in ein neues hineinkatapultiert. Und genau da wollte ich hin. Ich wollte Mutter werden. Ganz doll. Aber wie es wirklich ist, konnte ich mir vorher auch nicht richtig vorstellen, selbst, wenn ich glaubte, alles zu wissen. Die Wahrheit darüber, was ein Kind mit deinem Leben anstellt, die erfährt man erst, wenn man mittendrin steckt. Selbst dann wird man jeden Tag noch aufs Neue überrascht. Und nicht nur von Spaghetti mit Tomatensoße in der Sockenschublade.

Ich war 32 Jahre alt, als ich Mutter wurde. Jetzt könnte man meinen, mit 32 sei man eindeutig erwachsen. Laut Gesetz wird man mit 18 volljährig und ist spätestens mit 21 auch wirklich keine Heranwachsende mehr. Wenn man Mist baut, wird man mit der vollen Härte des Gesetzes bestraft. Man darf seinen Führerschein machen, an der Börse spekulieren und kostspielige Dinge erwerben. Man darf heiraten, seinen Eltern den Rücken kehren, so lange ausgehen, wie man möchte. Man darf einen Kredit aufnehmen und so viele Süßigkeiten essen, bis der Körper den Rückwärtsgang einlegt. Man darf eine Menge und muss noch viel mehr. Das alles, weil man ein gewisses Lebensalter erreicht hat. Weil man erwachsen ist. Aber, seien wir doch mal ehrlich, so richtig erwachsen habe ich mich weder mit 18, 24 oder 30 gefühlt. Erwachsen, das waren die anderen. Die Alten. Die mit den beigen Jacken und den praktischen Schuhen. Erwachsen sein setzte ich gleich mit Langeweile, Vernunft und regelmäßigen Schlafenszeiten. Mit ausreichend grünem Gemüse und einem guten Verständnis für Behördenbriefe. Erwachsene kannten den Unterschied zwischen Mehrwert- und Umsatzsteuer. Erwachsene kauften Weine nicht nach dem Design des Etiketts. Erwachsene sparten für schlechte Tage und kauften Klopapier und Weizenmehl auf Vorrat. Erwachsene hatten immer ein Brot im Gefrierschrank. Erwachsene wägten ab und handelten weise. Erwachsene wuschen ihr Auto und kontrollierten den Ölstand. Erwachsene wussten, dass es so etwas wie einen Ölstand überhaupt gab, und vor allem ignorierten Erwachsene keine rot leuchtenden Kontrolllämpchen am Armaturenbrett. Erwachsene gingen regelmäßig zur Vorsorge und kamen immer pünktlich. Erwachsene wussten Bescheid. Sie hatten ihr Leben im Griff. Sie kannten jeden Hinweg, Rückweg und Ausweg. Sie hatten den Plan. Sie wussten alles. Erwachsene waren das Gegenteil von mir. Erwachsen, das waren die anderen.

Bis ich Mutter wurde. Jetzt war es so weit. Jetzt konnte ich mich nicht mehr drücken. Das Kind gab ganz klar die Rollenverteilung vor: Ich bin klein. Du bist groß. Ich muss beschützt werden. Du bist die Beschützerin. Ich muss lernen. Du lehrst. Ich bin das Baby. Du bist die Mama. Für immer. Und jetzt melde mich beim Standesamt an, füll die achthundertzwölf Vordrucke fürs Elterngeld aus, versichere mich und beschaffe mir sofort eine Sozialversicherungsnummer. Du bist jetzt hier die Stimme der Vernunft. Den Quatsch fabriziere nun ausschließlich ich.

Hilfe!

Kinder streichen dir ihre Bedürftigkeit und deine Verantwortung von der ersten Sekunde dick und fett aufs Brot. Weglaufen ist nicht. Das Leben, wie es zuvor war, die Zeit des Nur-für-sich-Sorgens (und das auch nur so halbarschig), die ist mit dem ersten Atemzug des Babys vorbei. For ever and ever. Gruselig? Irgendwie schon. Aber vor allem unheimlich einschneidend. Ein neues Leben beginnt, und damit muss man erst mal klarkommen. Die ganze Welt nimmt an, dass du sofort alles weißt, alles kannst und die genaue Richtung kennst. Und du? Du fühlst dich dabei ganz schön verloren. Allein und überfordert. Das macht was mit einem. Wie könnte es auch nicht? Gestern saßt du noch im Büro oder an der Kasse vom Supermarkt (Frisörstuhl, Behandlungsstuhl, Fließband ... was auch immer), warst erfolgreich, routiniert, und heute verzweifelst du daran, ein Baby in den Schlaf zu begleiten. Bis eben warst du zweimal die Woche im Fitnessstudio, stolz auf deine Kondition und Figur, und heute musst du dir einen Spiegel nehmen, um deine Zehen anzuschauen, die der weiche Bauch verdeckt. Gestern noch Hosenanzug, heute Jogginganzug. Gestern High Heels, heute Birkenstocks. Gestern geschminkt, heute ungewaschen. Gestern eloquent, heute müde brabbelnd. Gestern Beischlaf, heute Tiefschlaf. Gestern Kino, heute Kika. Gestern so. Heute ganz anders.

Ist es da nicht völlig logisch, dass eine Mutter Zeit braucht, in ihrer neuen Rolle anzukommen? Ist es nicht normal, dass diese massive Umstellung Spuren hinterlässt? In der Seele? Am Körper? Im Herzen?

Darüber redet aber mal wieder niemand. Also kaum. Wir kennen die Trotzphase, wir kennen die Pubertät, wir kennen die Midlife-Crisis. Aber was ist mit der Zeit der Mutterwerdung?

Lange existierte keine Begrifflichkeit, kein Wort für diese Lebensphase. Zum Glück gab und gibt es kluge Frauen wie bereits in den Siebzigern die Anthropologin Dana Raphael und später die Psychologinnen Aurélie Athan und Alexandra Sacks, die den Begriff «Matrescence» geprägt haben, der später im Deutschen unter «Muttertät» übernommen wurde. Die Autorinnen Prof. Dr. Svenja Krämer und Hanna Meyer haben sich des Themas wissenschaftlich angenommen und sogar ein ganzes Buch[10] darüber geschrieben.

Muttertät also. Ein Begriff. Sprache schafft ja bekanntlich Wirklichkeit, und ein Begriff kann wie eine Diagnose sein. Endlich versteht man. Endlich weiß man Bescheid. Was für eine Erleichterung, oder? Es bedeutet, man wird gesehen und ernst genommen.

Der Begriff Muttertät erinnert stark an Pubertät, und wenn wir mal ein bisschen darüber nachdenken, finden sich dabei auch richtig viele Parallelen.

Fangen wir mit den körperlichen Veränderungen an. Wir bekommen einen Busen. Haha! Ja klar, meist war der im Gegensatz zur Pubertät schon vorher vorhanden. Aber mit der Mutterwerdung bekommen wir (meist) einen nigelnagelneuen. Juhuuuu! Oder vielleicht auch nicht.

Zu Beginn meiner Schwangerschaft fand ich zumindest meinen neuen Busen super. Er war größer als zuvor. Praller. Und insgesamt in meinen Augen verbessert. Er war iPhone 14 versus iPhone 6. Porsche versus Twingo. Schokolade versus Maiswaffel. Größer, besser, weiter. Oder so ähnlich. Ihr versteht. Also am Anfang. In der Schwangerschaft. Bis das Kind auf die Welt kam und es losging. Mit der Milch. Der Muttermilch. Der Muttermilch in meinem Busen. Alter! Prall war der Busen immer noch. Besser gesagt, prall, praller, am prallsten. Ehrlich, ich sah aus, als hätte man mir frische Brustimplantate eingesetzt. Aus Beton. Mit Leck. Der Betonbusen tropfte nämlich unaufhörlich vor sich hin. Klecker, klecker, klecker. Und das war ich von meinem Busen bis dato wirklich so gar nicht gewöhnt. Jetzt mal unter uns, es gibt doch nichts Weirderes als ein Körperteil, der nach 32 Jahren trockener Existenz plötzlich Flüssigkeit abgibt. Und dann auch noch Milch. Nicht mal Champagner oder so. Mein Körper stellte Nahrung her. Für einen anderen Menschen. Nahrung, die diesen anderen Menschen monatelang ausschließlich ernähren sollte. Hui. Wie, äh, zumindest mal eigenartig. Der eigene Busen ist plötzlich Teller, Messer, Gabel und Löffel für ein Baby. Ein Baby, das da ständig dranhängt, nuckelt und häufig auch mal draufbeißt. Das ist doch, gelinde gesagt, eine ziemlich große Veränderung. Und dabei bleibt es nicht. Irgendwann hat nämlich jedes Baby mal ausgetrunken und stellt sich in Sachen Ernährung auf das Supermarktzeug um. Und dann? Dann verändert sich der Busen schon wieder. Aus prall wird schlaff. Aus aufrecht wird irgendwo am Bauchnabel. Na, danke.

Und dann wächst noch was ganz anderes. Nämlich der Bauch. Und auch das ist doch mal ein recht ungewohntes Verhalten des eigenen Körpers. Wir alle kannten vielleicht die «Zu viel Spaghetti»-Kugel. Aber eine riesige wackelnde, sich ausbeulende und harte Kugel in der Körpermitte war doch wirklich ein nie da gewesenes Bild. Gut, klar. Wir bekommen ein Baby. Schon verstanden. Das haben wir uns vielleicht gewünscht. Das erklärt die Körperbeule. Viele Mütter sind sogar sehr stolz auf diese neue Bauchform und tragen die Kugel plakativ vor sich her. Ich auch. Auf jeden Fall. Ich mochte meinen dicken Bauch. Also, den mit Baby drinnen. Den dicken Bauch nach der Geburt hingegen ... Man kann es sich denken. Den fand ich jetzt weniger ansprechend. Und auch die Schwangerschaftsstreifen nicht. Wie toll wäre es, wir Mütter könnten unsere ausgeleierten Babybäuche und unsere Dehnungsstreifen voller Stolz vor uns hertragen, wie zuvor den Babybauch. So nach dem Motto «Die mit dem wabbeligsten Bauch hat gewonnen». Aber leider, leider, leider (hier noch ganz oft leider einfügen) ist das alles gar nicht so einfach. Viele Frauen hadern mit ihren neuen Körpern, mit ihrem neuen Ich nach der Geburt eines Kindes.

Haare, die sich während der Schwangerschaft dick und glänzend den Kopf entlangschlängelten, fallen aus. Die Haut ist schlaff. Und unter den Augen haben sich wegen des Schlafmangels und Stresses marianengrabentiefe Augenringe eingegraben. Gefühlt für immer. Ob mein Körper mein Freund war, nachdem ich ein Kind bekommen habe? Na ja, vielleicht nicht gerade mein bester. Eher so ein Freund, dem man halt unheimlich viel Dank schuldet, weil er einem das Kostbarste überhaupt geschenkt hat, mit dem man aber auch irgendwie gerne quitt wäre, damit man getrennte Wege gehen kann. Man liebt das Kind, das einem geschenkt wurde, ist dankbar, dass man dieses kleine Wesen mit dem eigenen Busen ernähren kann, staunt und freut sich. Aber den früheren Körper, seinen alten Kumpel, den ohne Milchbildung, Haarausfall und zu viel Haut am Bauch, den vermisst man eben auch schmerzlich.

Paradox? Nein, völlig normal! Das ist die Gleichzeitigkeit der Gefühle. Kennen wir ja noch aus der Pubertät. Einerseits wollten wir Kind sein, andererseits aber auch ganz dringend endlich erwachsen werden. Dieses Wechselbad der Gefühle haben wir hundertmal am Tag in die Wanne gelassen. Mit ganz viel Schaum und Quietscheente. Und genau dieses Wechselbad der Gefühle überschwemmt uns auch in der Muttertät wieder. Von Hach zu Ach. Von Juhuu zu Buhuu. Von lachen zu weinen. Und das alles in unter drei Sekunden.

Die Geburt unseres Kindes bringt eine große Palette an Veränderungen mit sich. Beruflich. Privat. Körperlich. Seelisch. Da kann doch wirklich niemand erwarten, dass das von einer auf die andere Sekunde vonstattengeht.

Ich werde nie vergessen, wie ich mit meinem ersten Kind im Maxi-Cosi das Krankenhaus verließ. Ich kam mir vor wie eine verdammte Ladendiebin. Ich dachte, mir springt gleich ein muskelbepackter, uniformierter Wachmann auf den Rücken. Ich erwartete, man würde mir gleich das Kind wegreißen und mich fragen, ob ich eigentlich spinne. Was ich mir eigentlich denken würde. Ich konnte einfach nicht fassen, dass man mich jetzt wirklich mit diesem lebenden Baby nach Hause gehen lassen würde. Mich, bei der selbst Kakteen sterben. Mich, die sich schon mal versehentlich auf einen Hamster gesetzt hat (RIP). Mich, die doch selber noch viel zu klein für das alles war. Ich glaubte einfach nicht, dass dieser kleine Mensch, dieses hilflose Wesen, dieser größte Schatz jetzt wirklich meiner sein sollte. Dass ich wahrhaftig und tatsächlich Mutter war.

Und noch heute bekomme ich manchmal solche Hochstaplergefühle, wenn ich mir meine klugen, lustigen, liebenswürdigen und wunderschönen Kinder so anschaue. Ich deren Mutter? Kann doch gar nicht sein! Das glaubt mir doch kein Mensch.

Unsere Seelen brauchen einfach Zeit, sich an die neuen Umstände zu gewöhnen. Das geht nicht über Nacht. Keine von uns ist als kinderlose Frau in den Zaubertunnel getreten und hinten (nach etwas Nebel, bunten Lichtern und Trommeleinlage) als Mutter wieder herausgekommen.

Erst kürzlich erzählte mir eine Freundin, dass sie ihr Baby einfach zu Hause vergessen hatte und mit leerem Kindersitz zum Einkaufen aufgebrochen war. (Alle hier erwähnten Babys sind wohlauf. Bitte nicht das Jugendamt anrufen.) Sie hat es recht schnell bemerkt, aber genau solche Geschichten sind total typisch für die Muttertät. Auf MRT-Bildern lässt sich Mutterschaft mit fast 100-prozentiger Sicherheit feststellen. In der Muttertät finden ähnliche Hirnveränderungen statt wie während der Pubertät. Ist das nicht unglaublich? Warum sagt einem das vorher denn niemand? Ist doch völlig normal, dass man dann manchmal bis oft durchdreht. Dass man sich plötzlich in einem riesigen Gefühlschaos wiederfindet. Einem Gefühlschaos, das eben nicht nur auf den Schlafmangel und die sogenannte Stilldemenz zurückzuführen ist.

Auch wenn das immer gerne propagiert wird, ist mütterliches Verhalten nicht instinktiv. Wir haben keinen speziellen Fürsorgecode in den Genen. So läuft das nicht. Wir müssen an Mutterschaft wachsen. Wachsen dürfen. Zulassen dürfen, dass unsere Körper sich verändern, unsere Seelen. Dass neue Ängste erwachsen und alte verblassen. Wir müssen lernen. Vom Windelwechseln und Füttern bis hin zur Geduld bei lautstarken Wutanfällen auf dem dreckigen Boden des Supermarkts, weil wir dem Kind verbieten, alle vorhandenen Milchtüten aufplatzen zu lassen (böse Mama aber auch). Das wird uns manchmal besser gelingen und manchmal schlechter.

Die Muttertät ist eine handfeste Entwicklungsphase. Wobei ich das Augenmerk echt noch mal auf das Wort Phase lenken möchte. Aus Mutter und Kind entsteht ein neues WIR. Wir selbst werden uns nie wieder so wahrnehmen wie zuvor. Bei allem, was wir tun oder nicht tun, werden wir zukünftig unser Kind mitdenken und mitfühlen. Ein Zurück gibt es nicht. Und ähnlich wie in der Pubertät begrüßen wir diese Entwicklung. Wir wollen dahin. Wir wollen wachsen und werden. Aber manchmal, da vermissen wir auch unser altes Ich. Das erwachsene Kind. Da wollen wir die Schwachen sein dürfen. Die Schutzbedürftigen, die sich anlehnen können. Die, die den Weg nicht kennen und auch gar nicht kennen müssen, weil sie sich nachts nach der Disco einfach ein Taxi nach Hause nehmen können, wo sie die nächsten fünfzehn Stunden komatös durchschlafen und sich dann ein Katerfrühstück aus Nutellabrot und Kontersekt genehmigen. Wir vermissen unser altes Ich, das nur für sich selbst entscheiden musste. Das einfach Pläne schmieden konnte und sich nicht an Kitaöffnungszeiten und das Verbot von Babys in Bars halten musste.

Mir hat in der Anfangszeit als Mutter ganz besonders meine Freiheit gefehlt. Nie, nie, nie konnte ich selbstbestimmt Entscheidungen treffen. Das Kind gab den Plan vor, und der war häufig recht wenig glamourös, entspannend oder amüsant. Ich fühlte mich an manchen Tagen wie die Dienerin eines kleinen bezaubernd süßen, aber eben auch unheimlich bestimmenden Baby-Bosses. Unbezahlt, ungedankt und angekotzt. Ich wollte tanzen, ich wollte im Bett Pizza essen, ich wollte ausschlafen. Ich wollte mich mit Erwachsenen umgeben und Erwachsenengespräche führen. Ich wollte alleine auf die Toilette dürfen. Ich wollte nicht mit Zweijährigen über den Nutzen von Tampons oder die Frage, wo genau mein Pipi hinverschwindet, diskutieren. Und gleichzeitig, gleichzeitig wollte ich keine Sekunde ohne meine Kinder sein. Ich verurteilte jede Person, die mir die Kinder für ein paar Stunden abnehmen wollte, insgeheim als perfiden Kinderentführer. MEINE KINDER BEKOMMST DU NICHT! Ich wollte keinen Schritt, kein Glucksen, keinen Pups verpassen. Ich wollte alles, und zwar gleichzeitig. Schwierig. Aber vollkommen normal. Muttertät eben.

Mutter sein und Frau bleiben? Geht das denn überhaupt? Kann man alles haben in einer Welt, in der man sich ständig entscheiden muss? Um Danger Dan zu zitieren: «Ich hab 'ne gute Nachricht und 'ne schlechte auch. Zuerst die schlechte.»

Alles im Leben hat seine Zeit, und in der Phase, in der die Kinder klein sind, wirst du dich als Frau immer wieder, viel häufiger, als dir lieb ist, hintanstellen müssen. Du wirst zu müde sein für Partys. Du wirst wenig Zeit haben für deine Freund*innen. Du wirst kaum vor dem Spiegel und oft vor dem Wickeltisch stehen, und das wirst du dir ansehen. Du wirst die Reste von den Kindertellern essen statt Sushi. Du wirst Expertin in der Farbe von kindlichen Ausscheidungen werden und keine Ahnung mehr haben, wie das Passwort deines Bürolaptops noch mal war oder dass du überhaupt ein Büro hattest. So oder so ähnlich ergeht es den meisten von uns. Das kann ganz schön frustrierend sein. Gewollt oder nicht. Die Frau in der Mutter, das DU, bleibt meist erst mal auf der Strecke. Da kann man sich selbst schon mal vermissen.

Aber, wo es eine schlechte Nachricht gibt, da gibt es auch eine gute. Und die lautet gleichermaßen: Alles im Leben hat seine Zeit. Phasen kommen. Und Phasen gehen auch wieder. Du bleibst immer du. Du kannst dich gar nicht verlieren. Alles ist, alles bleibt in dir. Und vor allem kommt alles irgendwann wieder. Kinder werden größer, und das rückblickend viel schneller, als uns lieb sein mag. Unsere Babys gehen ihre eigenen Wege. Wege, bei denen du sie nur noch im Geiste begleiten darfst, weil du zwar gestern noch «Mama, bitte bleib bei mir» warst, heute aber «Orrrr, Mama. Du bist voll peinlich!» bist. Du wirst immer Mama bleiben, keine Sorge. Aber eben gerne mit etwas Abstand. Und plötzlich, plötzlich guckst du in den Spiegel und sagst: «Hallo, da bist du ja wieder. Wollen wir was unternehmen? Nur wir beide. Ich habe jetzt wieder Zeit für dich.»

Und so beginnt eine neue Phase, die von einer weiteren Phase abgelöst werden wird, auf die dann wieder eine Phase folgt. «It's the circle of life», würde Elton John singen, und was soll ich sagen? Recht hat er!

Freunde

~~FEINDE~~

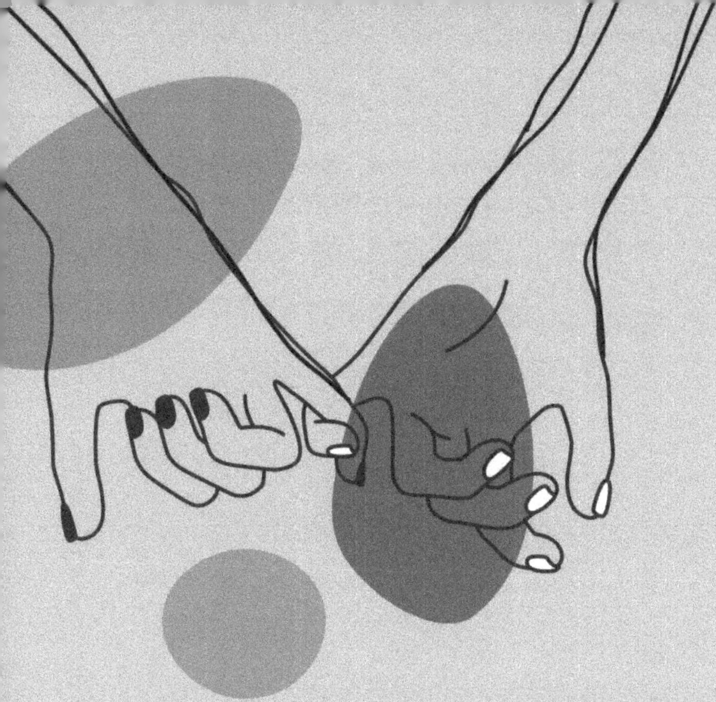

Meine erste Freundin traf ich im Kindergarten. Wir spülten gemeinsam Geschirr, als wir uns zum ersten Mal wahrnahmen. Rückblickend kann ich nicht mehr sagen, ob wir damals echtes Geschirr wuschen oder es spielten. Ist aber auch egal. Die Freundschaft, die entstand, war real. Meine Freundin hatte lange braune Haare. Haare, wie ich sie mir selbst immer wünschte. Meine hingegen waren kurz. Ich trug einen komischen Jungenhaarschnitt (Marlene, das ist Sexismus. Es gibt lediglich Haarschnitte – geschlechtslos. – Ja, aber noch nicht in den frühen Achtzigern!), den ich selbst immer wieder mit der Bastelschere «verschönerte». Ihre Augen hatte sie von Bambi geklaut, und wenn sie lachte, und sie lachte oft, dann funkelten sie wie Bernsteine.

Ab diesem Tag am Spülbecken waren wir ein Dream-Team. Wir überredeten ihre kleine Schwester, einen Regenwurm zu essen. Wir schenkten dem benachbarten Hundewelpen gemeinsam meine Blockflöte als Kauknochen. Wir legten Pfennigmünzen auf die Schienen der Straßenbahn und freuten uns über überfahrene, platte Taler. Wir machten Quatsch. Wir wuchsen heran. Wir kicherten. Wir giggelten. Wir stritten. Wir vertrugen uns. Wir waren die allerbesten Freundinnen. Uns gab es nur noch zusammen. Unsere Namen wurden in einem Wort gerufen. Ohne Leerzeichen. Keine Trennung.

Später wurden wir zusammen eingeschult. Sie hatte einen Schulranzen von Amigo, ich hatte einen Scout. Vielleicht war das ein Omen. Wenige Monate später zogen wir weg. Ich sah sie nie wieder. Aber vergessen, vergessen habe ich sie nicht.

Diese erste Freundschaft, diese Verbindung aus frühen Kindertagen, sie lehrte mich eins: Freundschaft ist etwas ganz Fantastisches. Freundschaft macht stark. Freundschaft macht mutig. Freundschaft ergänzt mich. Freundschaft sorgt dafür, dass ich niemals einsam bin. Freundschaft versteht. Freundschaft braucht keine Worte. Keine Erklärungen. Freundschaft bringt mich zum Lachen. Freundschaft macht alles leichter. Freundschaft ist Heimat. Ohne Freundschaft geht es nicht.

Ich traf neue Freundinnen. In der Schule. Im Reitverein. In der Nachbarschaft. Durch Bekannte. Auf Partys. Beim Erwachsenwerden. Manche gingen. Andere kamen hinzu. Und manche blieben. Bis heute. Einige, meine wertvollsten, sind mit mir groß geworden. Haben mich begleitet auf meinem Weg. Auf den ersten

Partys. In den ersten High Heels. Bei der ersten Zigarette und dem ersten Schnaps, der rückwärts wieder im Rinnstein landete, während sie mir die Haare aus dem Gesicht hielten. Wir waren bei Liebeskummer füreinander da. Wir fluchten gemeinsam über Männer, die alle Schweine waren. Wir fuhren in unsere ersten gemeinsamen elternlosen Urlaube und ernährten uns von alter Pizza und Orangensaft aus dem Karton. Wir übernachteten beieinander. Teilten die Inhalte unserer Kleiderschränke. Wir hielten beim Stechen des obligatorischen Bauchnabelpiercings unsere Hände und schimpften miteinander, wenn wir IHN doch wieder angerufen haben, obwohl er doch letzten Samstag mit Melanie hinterm Glascontainer ...

Wir bangten zusammen bei Prüfungen. Wir feierten Silvester, Geburtstage und das Leben. Wir hingen ab. Wir gingen aus. Wir litten miteinander. Wir freuten uns füreinander. Wir wollten immer mehr. Immer weiter. Wir lachten, bis die Augen tränten, und tranken, bis der Kopf kreiste. Wir probierten Trends. Wir schwammen gegen den Strom. Wir wurden laut. Und leise. Wir sorgten uns umeinander. Wir hielten an uns fest. Wir ließen nicht locker. Wir besprachen die großen Dinge. Wir teilten Meinungen und Handtaschen. Wir liebten heiß und innig. Wir schrieben lange SMS und drückten dabei dreimal das A, um ein C zu schreiben. Wir überzogen unser Girokonto und manchmal auch die Grenzen des guten Geschmacks.

Später bewarfen wir uns mit Reis und hielten uns

halb gelallte Hochzeitsreden. Wir waren Trauzeuginnen, Blumenmädchen und Taschentuchreicherinnen. Ein Prosit und ein Ständchen. Eine Rede auf die Braut und Warnungen an den Bräutigam. Glückstränchen und ganz viel Segen auf all euren Wegen.

Zusammen sind wir erwachsen geworden. Verdienten endlich echtes Geld in echten Jobs. Verlegten unsere Treffen von der Studentenkneipe in die süße Pizzeria. Und wir gründeten Familien. Wo wir früher gerne mal «Bäumchen, wechsel dich» gespielt haben, Männer für überbewertet hielten, ihnen ganz abschworen oder sie nur zeitweise in unsere Leben ließen, verpaarten wir uns schließlich alle. Wir wurden sesshaft. In den Herzen und mit den Seelen. Und dann, dann wurden wir schwanger.

Und wenn ich wir schreibe, meine ich mich. Oder dich. Oder sie.

Wenn sich in eine Frauenfreundschaft ein Typ reinschummelt, kann das eine Belastungsprobe sein. Sie kann ihn nicht leiden. Er kann sie nicht leiden. Sie können sich nicht leiden. Es gibt unzählige Gründe für Trouble. Aber wie wir ja alle wissen, zählt hier: Sisters before misters.

Und so überleben die meisten Freundschaften diese potenzielle Krisensituation noch. Richtig herausfordernd wird es jedoch, wenn die erste schwanger wird. Weil Sisters before babys einfach nicht gilt. Reimt sich ja auch nicht. Logo. Babys, mögen sie erst auch winzige, millimetergroße Embryos in Freundinnenuteri sein, stellen Freundschaften vor eine Zerreißprobe.

Dass nämlich alle Freundinnen gleichzeitig schwanger werden, grenzt wahrscheinlichkeitstechnisch doch eher an einen Lottogewinn plus Zusatzzahl. Wenn denn überhaupt alle schwanger werden wollen. Vielleicht möchte Julia keine Kinder. Nie. Was völlig in Ordnung ist. Eventuell findet Julia Kinder nervig und würde lieber weiterhin samstagabends mit Anna Sushi essen gehen und bekommt innerlichen Brechreiz, wenn sie sie und das Baby stattdessen sonntagmorgens zum Krabbelgruppenbrunch bei Trockenobst und Kräutertee ins Gemeindezentrum begleiten soll.

Oder Julia liebt Kinder. Liebt sie so sehr, dass sie sich nichts sehnlicher wünscht, als mindestens drei eigene zu haben. Ach was, einen ganzen Stall voll. Vielleicht versucht sie seit Jahren verzweifelt und erfolglos, schwanger zu werden, und kann es kaum ertragen, dem Bauch von Anna beim Wachsen zuzuschauen. Und so geht sie ihr aus dem Weg. Weil bleiben zu sehr wehtut.

Zu sehen, wie die beste Freundin Mutter wird, kann unheimlich schmerzhaft sein. Es kann spüren lassen, wo es fehlt. Es kann zeigen, was man nicht hat. Es kann eine Weiche sein, wo sich Freundschaften trennen, weil die Leben sich einfach zu sehr voneinander entfernen. Wie zwei Züge, die voneinander entkoppelt werden und von nun an in unterschiedliche Richtungen rasen. Der eine ein ICE, der andere eine Lokomotive. Die Freundin, die man kannte, die lustige, die spontane, die man nachts um drei anrufen konnte, die immer Sekt kalt hatte und den Kopf voller Flausen, diese Freundin gibt es jetzt nicht mehr. Anna hat jetzt immer ein Baby auf dem Arm, riecht ein wenig säuerlich nach Milch und redet stundenlang über das, was ihr kleiner Schatz isst, gefolgt davon, was er ausscheidet. Julia vermisst die alte Anna. Ihre Anna. Die, die sie schon so viele Jahre zu kennen glaubte. Die Anna, die jetzt offenbar unter irgendeinem sehr wesensverändernden Babyzauber steht. Im Bann eines zahnlosen Sektenführers. Eines glatzköpfigen Seelenfressers.

Und Anna. Die steckt selig im Babyflausch und fragt sich, was um alles in der Welt eigentlich mit Julia los ist. Wer ist dieses gefühlskalte Monster, das ihre kleine Süßmaus so offensichtlich ablehnt? Hat sich ein babyhassender Robotervirus ihrer ermächtigt? Wie kann sie nicht hingerissen sein, von dem warmen Köpfchen und dem Duft nach Puder und Geborgenheit? Wer braucht schon Sushi, wenn er Liebe haben kann?

Da sind Konflikte vorprogrammiert. Quasi unausweichlich. Da helfen nur viel Verständnis und Kompromissbereitschaft. Und manchmal ist das auch der Punkt, an dem man loslassen muss. Mit schönen Erinnerungen im Gepäck und Frieden im Herzen.

Es holperte. Es war nicht immer leicht. Zwischendurch tat es weh. Die eine ging voraus, die andere folgte. Über Umwege und Seitenwege, früher oder später, wurden meine Freundinnen und ich Mütter. Wir alle. Juhuuu! Wie die Orgelpfeifen wurden unsere Kinder nebeneinander groß, wuchsen zusammen auf und sind jetzt natürlich auch die aller-, aller-, allerbesten Freunde – genau wie ihre Mütter. Mit ihren identischen gelben Gummistiefeln springen sie am Strand entlang und erleben fantastische Abenteuer. Sie spielen den Erwachsenen lustige Streiche, retten zwischendurch eine Babyrobbe und bringen die Inselbewohner mit Schabernack zum Lachen. Die Abende verbringen sie gemeinsam vor dem Lagerfeuer, wo sie Stockbrot grillen und sich gegenseitig Gruselgeschichten erzählen. Ja, Bosse, Lasse, Lisa, Britta und Ole sind ein unschlagbares Team. Immer dabei ist natürlich ihr freundlicher zotteliger Hund: Swipp …

Huch, jetzt habe ich mich ein wenig von dem Hörspiel ablenken lassen, das aus dem Kinderzimmer dudelt. *Die Kinder aus Bullerbü.* Wer kennt sie nicht? Was ich eigentlich sagen wollte, ist, unsere Kinder, Abkömmlinge der besten Freundinnen, alle in ähnlichem Alter, wohnhaft in der gleichen Stadt, diese Kinder hassen sich. Halt, Moment! Hass ist der falsche Ausdruck. Zu emotional aufgeladen. Denn Emotionen sind eher keine im Spiel. Tatsächlich sind sich unsere Kinder völlig wurscht. Wumpe. Total egal.

Paff! Geplatzt ist er, der Traum von gemeinsamen Treffen, Reisen oder Leben. Entgegen unserer Hoffnung wollen sie weder miteinander spielen noch sich im Erwachsenenalter heiraten und uns zu Schwägerschwiegermüttern machen. Mist! Dabei haben wir es versucht. Wirklich. Schon in den Schwangerschaften dopsten wir unsere Bäuche aneinander wie überreife Basketbälle und schrien begeistert: «Gebt Küsschen.» Wir wickelten nebeneinander. Wir tauschten Strampler und Schnuller. Wir kutschierten sie in Kinderwagenkarawanen über Feld, Wald und Wiese. Wir konnten die aufkeimende Freundschaft schon spüren. Letztlich waren es aber nur aufkeimende Magen-Darm-Infekte durch geteilte Schnullis und von Freundschaft keine Spur. Lasse zog Bosse die Legosteine ab und Lisa Britta die Ohren lang. Und Swipp? Der biss Ole die Fingerkuppe (fast) ab.

Auch so 'ne heikle Nummer. Wie sage ich eigentlich meiner besten Freundin, dass ihr Kind ein Ar... äh, herausfordernder Charakter ist? Wenn dieser herausfordernde Charakter mein kleines Lämmchen mit Bauklötzen bewirft, meine neue Wildledercouch mit Nutella eincremt oder mit voller Absicht (ja, das hat der extra gemacht, ich habe es genau gesehen) durch meine Tulpen trampelt. Da gibt es eigentlich nur zwei

Möglichkeiten. Erstens: Halt die Klappe! Und zweitens: Halt die Klappe!

Wirklich, aus der Nummer kommt man nur mit Schweigen raus. Nichts zerstört schneller, direkter und kompromissloser eine Freundschaft als die Kritik am Kind der anderen. Beleidige ihre Mutter, und sie wird gerührt sein. Beschimpfe ihren Partner, und sie wird dir beipflichten. Aber das Kind der Freundin, das ist heilig. Wage es nicht, es schräg anzuschauen oder gar zu tadeln. Zweifle sein Verhalten nicht an und (wichtig) behalte unbedingt deine Meinung über ihre Erziehungsmethoden und einen möglichen (nötigen) Optimierungsbedarf für dich. Atme tief ein und lächle, wenn dir eure Freundschaft lieb ist. Alles andere führt nur auf geradem Wege in die Katastrophe. Streit, Vorwürfe, Tränen und Kontaktabbruch. Und das gilt es unbedingt zu vermeiden. Denn eins kann ich aus Erfahrung (glaubt einer alten Frau) sagen: In kaum einer Lebensphase brauchen wir Freundinnen mehr als in der Zeit, in der wir Kinder großziehen. Leider ist es auch in kaum einer Zeit schwieriger, diese Freundschaften zu pflegen. Aber dazu später.

Zu meinen Lieblingstieren gehören Elefanten. Ich liebe diese lustigen Rüsseltiere. Sie haben so was Freundliches. Wirken immer irgendwie sehr zufrieden mit sich und wie geil ist es eigentlich, lästige Widersacher mit der Nase k. o. schlagen zu können? Jedenfalls, worauf ich hinauswill: Elefantenfrauen (man nennt sie Kühe, Marlene. Na gut), also Elefantenkühe leben in Mutter-Kind-Herden zusammen. Bis zu zehn Elefantenfreundinnen suchen sich ein cooles Plätzchen, an dem sie gemeinsam ihre Kinder aufziehen. Nur Frauen und Kinder. Kühe und Kälber. Männer bleiben draußen. Sobald die männlichen Jungen erwachsen sind, werden sie vor die Tür gesetzt. Oder vor den Busch. Was weiß ich. Auf jeden Fall sind sie nicht länger geduldet. Vielleicht dürfen sie ab und an sonntags zum Essen kommen. Aber spätestens zum Abendessen wird das Zuviel an Testosteron rausgeschmissen, und die Freundinnen sind mit den Kids wieder unter sich. Keiner fragt, wie der Geschirrspüler funktioniert. Niemand lässt seine dreckigen Unterhosen im Bad liegen. Und geschnarcht wird auch nicht. Wobei, bei den langen Rüsseln?

Ist das nicht ein Traum? Zehn Freundinnen und ihre Kinder irgendwo in Indien am Wasserloch. Oder in Afrika. Je nachdem, wie groß man die Ohren will. Jede packt mit an. Die Kinder wachsen zusammen auf. Die größeren helfen den kleineren. Niemand ist alleine, und immer hat eine einen guten Tipp oder eine helfende Hand (Fuß?). Wenn mal eine ihre Ruhe braucht, springen die anderen ein. Irgendeine weiß immer, was zu tun ist bei komischen roten Flecken am Hals oder wie man Brei aus Seide wäscht. Und über allem die afrikanisch-indische Sonne. Hach! Elefantenweibchen machen einfach alles richtig.

Warum läuft das bei uns so anders? Warum machen

wir dieses Kleinfamiliending, bei dem ständig eine vor dem Nervenzusammenbruch steht und Konflikte auf der Tagesordnung sind? Dass zwei Personen, die auch noch ihren Jobs nachkommen müssen, ihre Kinder alleine aufziehen sollen, ist doch völliger Irrsinn. Wir spüren doch alle tagtäglich, dass es so irgendwie nicht geht. Also so gar nicht. Dieser komplette «Frauen halten zusammen und helfen sich gegenseitig»-Elefantenvibe ist völlig verloren. Wo wir früher – bevor wir Kinder hatten – ständig in Mädchenmeuten unterwegs waren, trennen wir uns, wenn es richtig schwierig wird. Wenn wir Kinder bekommen und ständig hilflos sind, Rat brauchen und uns alleine fühlen. Plötzlich wird von jeder von uns erwartet, dass wir das alles alleine schaffen. War doch schon immer so. Unsere Omas hatten ja schließlich alle zwanzig Kinder, und keine hat sich je beschwert. Die haben auch täglich zehn Stunden auf dem Feld geackert. Da gab es noch nicht so einen Mumpitz wie Elternzeit. Wer kennt solche Aussagen nicht? Puh, bitte fügt in Gedanken hier ganz viele augenrollende Emojis ein. Und noch ein paar Mittelfinger. Die Wahrheit sah natürlich anders aus. Und schlecht ging es diesen Frauen ganz bestimmt.

Alleinsein ist scheiße. Und ich war nie so Freundinnen-allein wie zu der Zeit, als meine Kinder klein waren. Der Kontakt war nur noch sporadisch vorhanden. Ein kurzes Telefonat, wenn das Kind schlief. Ein schnelles Treffen auf dem Spielplatz, während wir eigentlich nur damit beschäftigt waren, darauf zu achten, dass die Kids nichts verschlucken, nirgendwo runterstürzen oder sich gegenseitig mit dem Schäufelchen erschlagen. Dabei ist dieser Neu-Mutterschafts-Zeitraum doch der, an dem man am aller-, aller-, aller-, allermeisten ein Rudel braucht. Helfende Hände, Füße oder Rüssel. Wir brauchen jemanden, der versteht. Der uns so gut kennt, dass er sofort merkt, wenn die Kacke am Dampfen ist, selbst wenn wir uns ein Lächeln ins Gesicht tackern und einen Partyhut tragen. Wir brauchen unsere Freundinnen. Wir brauchen Gefährtinnen. Frauen, die uns sagen: «Been there, done that.» Die unsere Mühen sehen. Unseren Schmerz. Aber auch unser Glück und unsere Leistung. Zum Mitfreuen. Zum Mitfiebern. Zum Mitleiden. Zum Miteinander.

Aber genau in dieser Zeit verlieren wir uns ein bisschen. Haben keine Zeit füreinander. Sind zu fixiert darauf, eine gute Mutter zu sein. Nur da für das Kind. Meinen, unser Platz sei zu Hause. Immer beim Kind. Nur noch Mutter. Dabei ist genau das der große Fehler. Damit stellen wir uns selbst ein Bein. Und wenn wir uns ein Bein stellen, dann dem Kind gleich mit. Denn nur wer hat, kann auch geben. Aus einem leeren Brunnen kann man nicht schöpfen. Und nichts kann unsere Brunnen besser füllen als unsere Freundinnen. Frauen, die uns gut kennen. Uns, die Frau. Nicht die Mama von ... Die uns erinnern, wer wir waren, bevor wir Mutter wurden. Die unsere leeren Batterien laden, unsere Speicher füllen. Mit Rat. Mit Verständnis. Und manchmal auch nur mit Quatsch und Prosecco.

Also Müdigkeit den Kampf ansagen. Keine Zeit gilt nicht. Den Vater an seine Mit-Elternschaft erinnern, die Kinder zur Oma bringen, einen Babysitter engagieren whatever it takes und die Taschen packen. Fahrt mit euren Freundinnen weg. Mit den alten. Mit den neuen. Egal. Geht aufs Beyoncé-Konzert. Shoppt die Innenstädte leer. Esst Pizza im Hotelbett. Lacht und feiert. Macht Unfug und Wellness. Wandert um Seen oder steigt auf Berge. Verwandelt euch in Bibi und Tina und sattelt die Ponys. Macht Party am Ballermann oder trinkt Champagner in St.-Tropez. Verdreht allen den Kopf. Seid kindisch. Seid albern. Seid zusammen.

Ich bin keine Ärztin, aber ohne Scheiß, es gibt keine bessere Medizin gegen leere Akkus, schlechte Laune, Weltschmerz und Zweifel. Es muss auch wirklich nichts kosten. Ihr müsst gar nicht nach St.-Tropez. Und keine Angst, auch nicht zum Ballermann. Ihr sollt nur zusammen sein. Und ihr selbst. Nicht die Mama von ..., nicht die Frau von ..., nicht die Zuständige für ... Nur DU.

Unwohlsein

~~INNERE RUHE~~

Die Definition von Unwohlsein lautet: gefühlte körperliche oder psychische Unstimmigkeit. Synonym kann man auch die Wörter Störung, Spannung, Ekel verwenden, sagt Frau Google. Ich sage: Aha, Mutterschaftssymptome, kenne ich.

Es gibt unsagbar viele Situationen in meinem Leben als Mutter, in denen ich Unwohlsein verspürt habe. Körperlich oder psychisch. In aller Regel lag das gar nicht an meinen Kindern, die wirklich und ehrlich und ganz echt das Beste sind, das mir im Leben je passiert ist. Nein, diese beiden Menschen sind nicht der Grund. Es ist eher so das Drumherum. Die Mutterschaft und was diese Rolle mir so abverlangt. Spoiler: alles und noch viel mehr.

Seit ich Mutter bin, wurde und werde ich ständig in Situationen geworfen, die bei mir für Unwohlsein sorgen. Fangen wir doch mal mit den frühen Anfängen der Mutterschaft an. Dem Zeitraum, in dem das Kind noch nicht am Handy, sondern an der Nabelschnur hing. Genau, der Schwangerschaft. Alter, war da viel Unwohlsein am Start! Meinem Körper zum Beispiel war superoft unwohl. Bei fremden Gerüchen. Beim Zähneputzen. Bei Mineralwasser und gelben Bohnen. Wenn im Fernsehen jemand etwas Ekliges tat. Bei toten Tieren am Straßenrand. Wenn eine Person hinter mir an der Supermarktkasse einen Zimtkaugummi kaute. Bei nackten Füßen und manchmal auch völlig anlasslos. Zum Kotzen unwohl. Und das wochenlang. Immer wieder. Ungefragt und häufig ohne freundliche Ankündigung. Meistens landete die Bescherung in der Toilette. Leider aber nicht immer. Ich musste mich einmal mitten in der Salzburger Innenstadt erbrechen, nachdem ich einen Schluck Sprudel getrunken habe. Ich bin nicht sehr schüchtern, aber auf diese Art und Weise verschaffe ich mir nun auch nicht gerne die Aufmerksamkeit der Massen. Danach war mir nicht nur flau im Magen, sondern auch mein Schamgefühl war über die Maßen beansprucht.

Überhaupt Schamgefühl. Das ist ja ein Wort, das Mütter sofort aus ihrem Wortschatz streichen sollten. Ohne Ersatz. Genau wie aus ihrem Gefühlsrepertoire. Für Schamgefühle ist in der Schwangerschaft nämlich wirklich kein Platz mehr. Die kann man sich abschminken. Ständig will einer deinen Bauch betatschen, mit dir über deinen Stuhlgang reden oder mal einen Blick in deine Vagina werfen. Lauter Anliegen, die ich üblicherweise entrüstet und lautstark ablehne.

Eventuell drohe ich sogar mit rechtlichen Konsequenzen oder meinem großen Bruder. Aber während der Schwangerschaft werden diese unverschämten Wünsche meist mit medizinischer Indikation gerechtfertigt, und was bleibt einem da noch übrig?

Es hat ja auch seine Vorteile, so ist man immerhin ganz gut auf die Geburt vorbereitet. Und damit meine ich nicht das richtige Veratmen von Wehen oder das Üben der perfekten Gebärposition. Während einer Geburt machen wir uns alle nackig. Und damit meine ich nicht nur die Kleidung. Wobei mir das ja schon genügen würde, um mich unwohl zu fühlen. Ich finde nackt sein schon ganz okay. Zum Beispiel unter der Dusche. In der Badewanne. Oder im Sommer unterm Leintuch im kühlen Bett. Aber, Moment, das muss großgeschrieben werden, ABER: Meine Nacktheit gehört mir! Die teile ich ungern. Lassen wir jetzt mal meinen Ehemann außer Acht, ist mein nackter Körper Privatsache. Nicht der Öffentlichkeit zugänglich. Und ganz besonders privat sind meine Geschlechtsteile. Primär und sekundär. Die gehen wirklich niemanden etwas an. Außer ... aber darum geht es jetzt nicht. Jedenfalls möchte ich grundsätzlich mal nicht, dass da jemand dran rumfuhrwerkt oder hinschaut. Tja, gilt während so einer Geburt leider nicht. Da wollte gefühlt jeder mal gucken, tasten oder beurteilen.

Meine Tochter kam sechs Wochen zu früh auf die Welt. Kurz bevor ihr Kopf sichtbar war (auch grundsätzlich schwierig für mich und mit großem Unwohlsein verbunden: Ein Kopf drückt sich zwischen meinen Beinen hervor), also kurz bevor ihr Kopf sichtbar war, rief der geburtshelfende Arzt das Kinderärzteteam hinzu, damit dieses mein Baby sofort untersuchen und behandeln könnte. So kam es, dass ich vor circa zehn mir bis dato völlig fremden Menschen ein Baby (und möglicherweise noch einiges mehr – ogottogott) aus meinem Unterkörper presste, was diese Fremden mit zielgerichteten Blicken sehr genau verfolgten. UNWOHLSEIN!!! Natürlich war meine Freude groß, als das Baby da war, aber auch die enormste Freude macht Scham und Schmerz nicht ungeschehen. Das eliminiert sich nicht gegenseitig. Das eine Gefühl bleibt. Das andere aber auch. In verwirrender Koexistenz.

Und es hört ja mit dem Herausschlüpfen des Babys nicht auf, dieses ganze körperliche Unwohlsein. Unser Mami-Dasein wird begleitet von allerlei neuen Features des eigenen Körpers. Er blutet, er tropft, er wabbelt. Er müffelt. Er schmerzt. Er verhält sich eigenartig. Und oft auch noch völlig unangemessen. Ich erinnere mich noch gut, als ich mit meinem Baby das erste Mal auf einer Feier war. Wir waren zu einem recht schicken Geburtstagsfest eingeladen. Stolz trug ich meinen brandneuen Säugling im hippen Tragetuch vor der geschwollenen Brust. Alles war perfekt. Mein wunderschönes Baby wurde bewundert. Ich wurde beglückwünscht. Der Kuchen schmeckte, und die Sonne strahlte. Bis, ja, bis ich mein Kind aus dem Tuch befreite, um es der erwartungsvollen Menge noch besser darbieten zu können. Und die Menge staunte, das kann ich euch versichern. Grund war nur nicht das Baby. Grund waren die zwei großen, runden, dunklen Flecken auf meinem dünnen weißen Sommerblüschen. Mein Busen tropfte. Was sage ich da, er sprudelte. Der warme Druck des kindlichen Körpers und die Unmengen an reichhaltiger Schokotorte hatten meine Milchproduktion so richtig auf Touren gebracht. Die Milchdrüsen agierten im ADHS-Modus und pumpten das weiße Gold gnadenlos aus mir heraus. Da konnten die Stilleinlagen in meinem BH nur müde lächeln. Gegen diese geballte Überreaktion waren sie machtlos. Und so stand ich da. Ganz offensichtlich ausgelaufen. Dabei fühlte ich mich wie eine Zwölfjährige, die ihre erste Periode in weißen Leggins bekommt. Auf dem Schulhof. Während der großen Pause. Von Flutlichtern bestrahlt. Mit leuchtenden Pfeilen markiert. Muss ich noch erklären, wie ich mich dabei fühlte? (Unwohl, Karl-Heinz. Sehr unwohl!)

Ekel, wir erinnern uns. Auch so ein Synonym für Unwohlsein. Oft wird ja behauptet, beim eigenen Kind kenne man keine Ekelgefühle, und tatsächlich hat es mir nie etwas ausgemacht, meine Kinder zu wickeln. Keinerlei Unbehagen zu verzeichnen, egal, was die Windel bereithielt. Ich hatte und habe wenig Verständnis für Männ… äh, Menschen, die sich in übertriebener Aufregung Wäscheklammern auf die Nasen setzen oder mit spitzen Fingern und schrillen Lauten leidgeprüft und angeekelt ans Wickelwerk gehen. Ich finde das nicht nur albern, sondern auch höchst respektlos dem Kind gegenüber.

Nein, **kindliche** Ausscheidungen tun meinem Wohlbefinden keinen Abbruch. Dass aber Kinder im Kleinkindalter eine tierische (!) Freude dabei empfinden, in Hundekacke reinzutreten, Hundekacke aufzuheben oder Hundekacke an Erwachsenenbeine zu schmieren, bereitet mir auch jetzt noch – Jahre später – einen derartigen Ekel, dass ich direkt präventiv in Sagrotan und Herpes-Creme baden möchte. Brrr! Ehrlich, wer hat noch nie Hundekacke aus Profilsohlen in Größe 23 oder unter kleinen Fingernägeln herausgekratzt? Ein Albtraum der übelsten Sorte! Krankenkassen sollten einem danach einen Rehaaufenthalt und therapeutische Gespräche spendieren.

Kleinkinder werden leider aus mir unerfindlichen Gründen magisch von den schlimmsten Igitt-Dingen angezogen. Schnecken, Regenwürmer und sogar tote Vögel wurden mir mit stolzem Blick dargeboten. Zeitweise wohnte ein Engerling in einem Einmachglas in meiner Küche und beobachtete mich beim Kochen und Ekeln. Manchmal zwinkerte er mir dabei schadenfroh zu.

Als Mutter darf man da wirklich nicht pingelig sein. Man will ja schließlich nicht das kleine Flämmchen Entdeckergeist in seiner frühen Entstehung gnadenlos auslöschen. Wo aber wirklich Schluss war: bei der Bitte, einem halb verwesten Spatz eine Mund-zu-Mund-Beatmung zu geben. Da hat es mir gereicht. Werden meine Kinder halt keine Naturwissenschaftler. Gewisse Grenzen dürfen und müssen selbst in der bedürfnisorientierten Elternschaft gewahrt werden.

Auch wer Probleme mit offenen Wunden, Blut und Eiter hat, könnte sich als Mutter dann und wann recht unwohl fühlen. Kinder sind koordinativ im absoluten Beginnermodus. Laufen, rennen, Höhen und Tiefen richtig einschätzen, Gefahren als solche wahrnehmen, sich auf Hindernisse konzentrieren. Fahrrad fahren. Rollschuh laufen. Einfach nur einen Fuß vor den anderen setzen. Alles Dinge, die erst mal richtig doll geübt werden wollen. Kinder sind weniger Tollpatsch und vielmehr Anfänger. Und darum fallen sie hin. Sie fallen runter. Stolpern drüber. Krachen dagegen. Schlagen sich an und auf. Häufig fließt dabei Blut. Aus Knien. Aus Köpfen. Aus Mündern. Von Ellenbögen und Fingern. Die Kombination aus einer gruseligen offenen Wunde, einem krummen Zahn oder einem schiefen Knochen verbunden mit der riesengroßen Sorge und dem Mitgefühl führt bei mir regelmäßig zu schlimmem Unwohlsein. Jetzt ist es natürlich das arme Kind, das leidet, da sollte man sich doch selbst zusammenreißen und stark sein, aber Mutter ist ja auch nur Mensch, und so lag ich schon mit hochgelagerten Beinen und kühlem Tuch auf dem Kopf in der Kindernotaufnahme, nachdem meiner Tochter die Kinnplatzwunde geklebt wurde, oder musste den irritierten Zahnarzt um ein Glas Wasser und einen Stuhl bitten, nachdem er meinem Sohn den halb rausgebrochenen Zahn gezogen hat. Ehrlich, hackt mir den Fuß ab, und mir wird nicht halb so schlecht. Ich habe meine Kinder gerne im Ganzen. Alles andere halten meine Nerven und mein Kreislauf schlecht aus.

Wer sich so grundsätzlich als Mensch gerne etwas bedeckt hält, unauffällig bis unsichtbar ist, der wird es als Mutter leider ein wenig schwerer haben als eine «Die Meinung anderer juckt mich nicht»-Person. Kinder ziehen die Aufmerksamkeit anderer und deren dezidierte Meinung nämlich an wie Motten das Licht und stellen uns Mütter oft auf eine ungebetene Bühne. Wie oft war ich schon die ungewollte und unvorbereitete Hauptdarstellerin im dreiaktigen Supermarktdrama? Unzählige Male stand ich im Rampenlicht, das schreiende Kind zu meinen Füßen, das im Gefühlssturm gefangen laut brüllend mit mir um die ersehnten Schnapspralinen rang. Spätestens nach achthundert anklagend-genervten Blicken kam immer eine Hildegard auf mich zu und forderte: «Jetzt kaufen Sie dem armen Bobbele doch die Mon Chérie!» Was lediglich dazu führte, dass ich mir den gesamten Kirschschnapsvorrat des Supermarkts auf ex genehmigte. Zumindest in Gedanken. In Wahrheit bedankte ich mich brav bei Hildegard und kämpfte weiter. Verkniffen lächelnd und mit pädagogisch einigermaßen korrekter Ansprache, immer darum bemüht, dass mir von etwaig anwesenden Jugendamtsmitarbeiter*innen kein unmittelbares Unheil drohte. Fitnessstudio oder Sauna? Brauchen Eltern nicht. Eltern begleiten Kleinkinder durch Wutanfälle an öffentlichen Orten. In der Rolle ihres Lebens. Als Diplomat*innen, Löwenbändiger*innen und Wrestling-Weltmeisterschaftsendkampfteilnehmer*innen. Unangenehm!

Man gerät auch ständig in den Verdacht eines schweren Verbrechens. Wie oft habe ich schon ein schreiendes und um sich schlagendes Kind vom Spielplatz weggetragen, immer in der Angst, dass mich gleich das SEK auf den Boden ringt und ich als Entführerin verhaftet werde. Dass ich vorher ewig auf das Kind eingeredet habe, erklärt habe, dass drei Stunden Spielplatz und fünfhundert Sandkuchen wirklich für heute ausreichen, dass ich gebettelt, bestochen und gefleht habe, sieht ja leider nie jemand. Die Aufmerksamkeit der anderen richtet sich lediglich auf die Eskalation. Wie so oft im Leben. Die Menschen sehen, was sie sehen wollen. Dass ich meinem Kind mantraartig ins zornige Ohr flüsterte, dass es wütend sein darf und ich es liebe, bleibt unsichtbar. Das Spotlight leuchtet erst auf, wenn man schließlich selbst die Nerven und die Contenance verliert. Wenn man schreit, zetert und kämpft. Was oft dazu geführt hat, dass ich mich schämte und so richtig doll unwohl in meiner mütterlichen Haut gefühlt habe.

Ich werde supergerne gemocht. Ich will lieb gehabt werden. Ich streite nicht gerne und möchte am liebsten den ganzen Tag über Gänseblümchenwiesen tanzen und *Give Peace a Chance* singen. Harmonie ist mein zweiter Vorname. Also fast. Könnte er aber sein, hätten meine Eltern meinen Charakter in meinen ersten Lebensminuten bereits voll erfasst.

Jedenfalls, ich hasse es, der Buhmann zu sein. Und noch viel mehr hasse ich es, die BUH-MOM zu sein. Die Spielverderberin. Die Spaßbremse. Die mit den strengen Worten und den doofen Regeln. Ich liebe meine Kinder, und sie sollen mich auch lieben. Wir sollten lachen und tanzen. Von morgens bis abends. Im Glück taumeln. Stattdessen bin ich schon morgens um sieben die doofe Mama, weil ich auf die Erfüllung der Schulpflicht bestehe, und das auch noch zur ersten Stunde. Als hätte ich mir diesen Quatsch höchstpersönlich ausgedacht.

Mütter machen sich an einem gewöhnlichen Tag ungefähr 193,5-mal unbeliebt bei ihren Kindern. Ein «falsches» Wort, eine «unangenehme» Frage, eine «dreiste» Bitte und schon wird aus WOW-MOM BUH-MOM. Zeitiges Wecken, das Verbot von Gummibärchen auf Toast zum Frühstück, die Bitte, bei Schneesturm eine Jacke zu tragen, die Aufforderung, Zähne zu putzen, das falsche Mittagessen, das Untersagen von Lippenstiftmalereien auf dem Parkettboden, die Frage nach Hausaufgaben, das Bestehen auf ein Minimum an Körperpflege, das Infragestellen von einer ganzen Tüte Chips vor dem Abendessen, der Wunsch nach ein wenig Ordnung im Kinderzimmer, die Sorge um körperliche Unversehrtheit, das Unterbinden von zu viel Lärm und die Hoffnung auf gesellschaftskonformes Benehmen – all das stört die Peace-Love-and-Harmony-Beziehung zwischen Mutter und Kind empfindlich. Das muss man erst mal aushalten. Puh! Jetzt weiß mein Verstand natürlich, dass meine Kinder mich lieben, auch wenn sie mich gerade so richtig blöd finden. Aber mein Herz, das vulnerable Ding, das ist davon nicht immer so leicht zu überzeugen. Und so balanciere ich den ganzen Tag auf dem schmalen Grat zwischen Konsequenz und «Na gut».

Natürlich haben meine Kinder mich und mein Bedürfnis nach Herzchen und Applaus längst durchschaut. Sie wissen genau, welche Knöpfe sie bei mir drücken müssen. Sie bestechen mich mit Freundlichkeit und Liebe und erreichen so ihr Ziel. Das ist vielleicht bei dem Wunsch nach Schokolade oder zusätzlicher Fernsehzeit noch nicht weiter schlimm, ich sollte jedoch unbedingt an meiner emotionalen Selbstverteidigung arbeiten, ehe die Kinder sich Motorräder, Gesichtstattoos und gespaltene Zungen wünschen. Spätestens dann ist ein wenig Ungnade möglicherweise das kleinere Übel.

Was mir als Harmoniesuperfan auch ziemlich viel Unbehagen bereitet, ist das Hervorbringen von Kritik gegenüber Menschen, die mit meinen Kindern arbeiten. Erzieher*innen, Lehrer*innen, Sporttrainer*innen.

Ich mag Elterngespräche. Also jene, in denen mein Kind gelobt wird, mir ein paar drollige Anekdoten aus seinem Alltag erzählt werden und wir uns am Schluss in aller Freundschaft verabschieden. Bis zum nächsten Mal. Alles bestens!

Läuft der Ball aber nicht ganz rund, meint Person A das eine und Person B das andere. Sind die Sichtweisen unterschiedlich oder muss ich gar einen andersartigen Standpunkt vortragen und durchsetzen, wird's schwierig. Dann liege ich vorher nächtelang wach. Gehe jeden Satz, jedes Wort eines möglichen Gesprächsverlaufs durch. Blase alles zu einer riesengroßen Sache auf. Dramatisiere. Übertreibe. Und erfinde mögliche Ausgänge, die häufig die Hilfe von Spezialeinsatzkräften der Polizei notwendig werden lassen. Ja, ich habe eine blühende Fantasie, und das meine ich nicht positiv.

Konfliktgespräche und Diskussionen mit anderen bereiten mir schlaflose Nächte. Natürlich vertrete ich die Interessen meines Kindes, beschütze es vor ungerechter Behandlung und kämpfe notfalls, bis einer weint. Ich erkenne das als meine Aufgabe an und drücke mich auch nicht davor. Ich mache es nur nicht gerne. Es widerstrebt mir und meinem Geliebtwerden-Wollen und führt dazu, dass ich mittlerweile Meisterin in der Disziplin «So geht's aber nicht, wenn ich das noch mal erlebe, überdenken Sie Ihre Berufswahl, Sie PIIIEP, und jetzt umarmen wir uns alle mal ganz fest und sagen uns, wie lieb wir uns haben»-Gespräche bin. Aber hey, am Ende fühle ich mich dann wenigstens nicht mehr alleine unwohl.

Als Mutter wird man immer wieder in Situationen kommen, in denen man Unwohlsein verspürt. Beim Blick in offene Wunden oder den eigenen vom Gender-Pay-Gap in Mitleidenschaft gezogenen Gehaltsnachweis. Wegen der Familienpolitik, in der Politik groß- und Familie ganz kleingeschrieben wird. Wegen des Schulsystems, das sich starr stellt, und den eigenen Arbeitszeiten, die noch viel starrer sind. Wegen anderer Eltern und besserwisserischer Hildegards im Supermarkt. Wegen des Geschmacks des Hortessens oder toter Vögel auf dem Kopfkissen. Wegen des Embryos im Bauch oder des neuen Piercings im Nabel des Teenagers. Wegen Schließtagen und Kitagebühren. Wegen Noroviren und nötiger Konsequenz. Wegen des Patriarchats und Hundekacke.

Und nein, das Glück, die Liebe zum Kind, die Freude an der Mutterschaft, die kleinen Patschehände und die feuchten Küsse wiegen das eben nicht auf. Machen es nicht wett. Radieren das Unwohlsein aus unseren Mütterherzen, aus unseren Müttermägen nicht aus. Aber sie machen alles besser. Das auf jeden Fall!

Demut

~~HOCHMUT~~

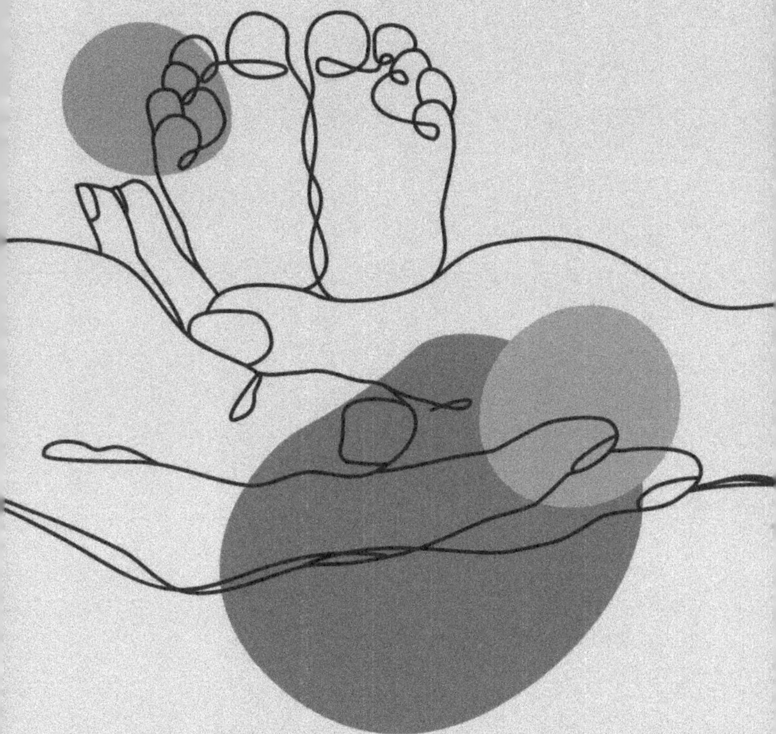

Manchmal denke ich an mein früheres Ich. Mein Pre-Mama-Ich. Die Frau, die ich war, bevor ich Mutter wurde. Und wenn ich über diese Frau nachdenke, die mir so weit entfernt vorkommt, diesen Schatten einer Erinnerung, frage ich mich, soll ich sie bedauern, beneiden oder gar ohrfeigen? Alles wäre begründet.

Wir kennen sie alle. Diese früheren Ichs. Diese unheimlich schlauen Frauen. Die alles wissen. Die alles durchschauen. Die mal alles anders machen wollten. Die nur den Kopf schütteln konnten über andere. Die gar nicht verstehen, wo das Problem liegen soll. Die glauben, dass bei ihnen mal alles anders läuft. Besser. Geregelter. Sauberer. Ruhiger. Gesitteter. Undramatischer.

Ich könnte jetzt lange argumentieren, ob mein früheres Ich sich schuldig gemacht hat. Ich könnte es rechtlich betrachten. Oder philosophisch. Letztlich spielt es keine wirkliche Rolle. Mein früheres Ich hat mir aus Unwissenheit und einer kräftigen Prise jugendlicher Überheblichkeit ein völlig falsches Bild von Mutterschaft vermittelt und mich somit in eine fiese Falle gelockt. Nicht wissentlich und willentlich. Ein Vorsatz ist auszuschließen, aber zumindest doch fahrlässig, wenn nicht gar grob fahrlässig.

Denn mein früheres Ich war eine großartige Mutter. Jetzt darf man natürlich nicht vergessen, dass mein früheres Ich noch gar keine Mutter war, wenn wir Meerschweinchen und Hamster nicht mit Kindern und Frauchenschaft nicht mit Mutterschaft vergleichen wollen, was ich definitiv nicht will. Zumindest heutzutage will ich das ganz bestimmt nicht. Früher sah ich möglicherweise keine allzu große Diskrepanz.

Trotzdem war mein früheres Ich eine fantastische Mutter. Die beste. Mein früheres Ich verstand die ganze Aufregung um Mutterschaft absolut nicht. Es kapierte nicht, warum Mütter ständig so müde waren. So genervt. Warum sie Flecken auf ihren Shirts hatten. Es fragte sich, was diese Frauen eigentlich den ganzen Tag taten – weil Haare kämmen und ein Mindestmaß an Styleaufwand konnte es ja schon mal nicht sein. Es wunderte sich genervt über Mütter, die sich panisch schwitzend beim Bäcker vordrängelten, weil das Kind genau jetzt lautstark weinend nach einer Brezel verlangte. Es meinte, man könne doch einfach Nein sagen. Man müsse das Theater doch nicht mitmachen. Man sei doch keine Dienerin. Keine Bedienstete des eigenen Kindes. Es rollte die Augen über derartiges

Verwöhnen und forderte innerlich mehr Konsequenz. Wie schwer könne es denn sein, fragte es sich. Überhaupt nicht, dachte es sich. Überall nur quengelnde, fordernde Kinder und erschöpfte Mütter, die sich drei Beine dabei ausreißen, um die Wünsche der Minidiktatoren zu erfüllen. Warum machten sie das mit, diese Mütter? Sie müssten sich doch einfach nur weigern. Müssten bei kindlichen Schreianfällen einfach für Ruhe sorgen. Einfach Regeln aufstellen. Einfach das Kind ins Bett legen und Gute Nacht sagen. Einfach vor dem Kindergarten absetzen und «Bis später» rufen. Einfach normal weiterarbeiten. Einfach morgens anziehen, frisieren und schminken. Einfach alleine auf Toilette gehen. Einfach Apfelsaft und Wasser in ein Glas einschenken, ohne auf die Reihenfolge der Getränke zu achten. Einfach dem Kind etwas zum Anziehen hinlegen, und das Kind zieht das dann an. Einfach den Fernseher anschalten und später wieder aus. Einfach ein Nickerchen auf der Couch machen, während das Kind alleine spielt. Einfach Augentropfen verabreichen, wenn das Kind krank ist. Und Ohrentropfen. Und Fiebersaft. Einfach einen Babysitter engagieren und ausgehen. Einfach Freund*innen treffen. Einfach verreisen. Einfach in ein Restaurant gehen und den Kindern sagen, sie sollen sich benehmen. Einfach kein Haustier kaufen. Einfach ausschlafen. Einfach in Ruhe telefonieren. Einfach nicht ständig das schwere Kind tragen. Einfach sagen: «Schluss jetzt», und es auch durchziehen. Einfach auf Obst und Gemüse bestehen.

Einfach verlangen, dass jetzt Hausaufgaben gemacht werden. Einfach keinen riesengroßen Kindergeburtstag mit allem Drum und Dran feiern. Einfach weiterhin seinen Hobbys nachgehen. Einfach nicht jammern. Einfach mit dem Vater die Care-Arbeit gerecht teilen. Einfach eine Putzhilfe einstellen. Einfach sagen: «Gegessen wird, was auf den Tisch kommt.» Einfach alles wegschmeißen, wenn das Kind nicht aufräumt. Einfach mal die Lautstärke runterdrehen. Einfach keinen Kuchen backen. Einfach verbieten. Einfach verlangen. Einfach vorgeben. Einfach einmal erklären, und dann funktioniert das schon. Einfach keine neue Mütze kaufen, wenn das Kind seine verliert. Einfach frieren lassen. Einfach nicht zum Kinderturnen fahren. Einfach zur Nachhilfe schicken. Einfach nicht die Nerven verlieren. Einfach bestimmen. Einfach den Ton angeben. Einfach den eigenen Willen durchsetzen. Einfach nicht so lasch sein. Einfach Handyverbot. Und Fernseher. Und Tablet. Einfach Holzspielzeug. Einfach Wellnessurlaub. Einfach nicht auf den Bauernhof fahren. Einfach mal kinderfrei machen. Einfach am Plan festhalten. Einfach zum Friseur gehen. Einfach nicht bei Regen auf dem Spielplatz rumsitzen. Einfach weiterhin Pumps tragen. Einfach entscheiden, was gekocht wird. Einfach nicht diskutieren. Einfach immer genug Windeln im Haus haben. Einfach Wasser statt Fanta. Einfach bei der Wunschkita anmelden. Einfach Paarzeit. Einfach kein Bällebad im Wohnzimmer. Einfach Glitzerpulver verbieten. Einfach doch. Einfach kein Aber. Einfach weil ich es sage. Einfach. Einfach. Alles doch so einfach.

Dachte es, das alte Ich. Dachte sie, die junge Marlene. Die dumme Marlene. Tja nun. Sie hat sich geirrt. Und das ganz kolossal. Einfach war nämlich gar nichts. Von Anfang an nicht. Alles, wovon ich dachte, es sei einfach, war in Wahrheit unwahrscheinlich schwierig. Manches war sogar unmöglich. Das meiste. Die junge, dumme Marlene, die unwissende, überhebliche, hat eine Sache überhaupt nicht auf dem Schirm gehabt. Sie hatte keine Ahnung von Gefühlen. Von Muttergefühlen. Gefühle, die einen dazu treiben, die Nacht neben dem schlafenden Kind zu verbringen und auf seinen Atem zu lauschen, der bitte, bitte, bitte regelmäßig aus dem schlummernden Baby dringen soll, anstatt auszugehen. Davon, wie einem der kalte Schweiß ausbricht, wenn das Kind vor Hunger weint und man nicht sofort an etwas Essbares gelangt. Sie wusste nicht, wie ein bittender Blick aus den schönsten kleinen Augen der Welt jeden Widerstand in Rauch aufgehen lässt und aus einem Nein ein Ja macht. Oder dass Kinder mit ihrer Willensstärke Regeln und Konsequenzen zunichtemachen. Sie kannte nicht den Schmerz, wenn das Kind morgens vor der Kita weint und sich an der Hand festklammert. Von Mental Load hatte sie noch nie etwas gehört, und sie dachte, sie wisse, wie Müdigkeit sich anfühlt. Verzweiflung war für sie ein Wort aus kitschigen Liebesromanen und

Zeit für sich etwas Selbstverständliches. Sie hatte keine Ahnung, wie es ist, einen anderen Menschen mit seinem Leben beschützen zu wollen, und dass diese Aufgabe alle anderen Dinge im Leben in den Schatten stellt. Dass Müttern täglich aus den unterschiedlichsten Gründen das Herz ein wenig bricht, aus Angst, aus Trauer, vor lauter Überforderung, hätte sie nie für möglich gehalten. Ihr war nicht klar, wie frustrierend die Situation für Familien ist und dass Kitaplätze nicht auf Bäumen wachsen. Sie meinte, Mutterschaft würde ihre Karriere nicht beeinflussen, wir lebten ja schließlich im 21. Jahrhundert. Sie glaubte an Gleichberechtigung und genügend Paarzeit. Sie dachte, sie könnte alles haben, alles sein, alles tun, immer weiter. Doch das war falsch. Oh, so falsch. Und so lernte sie neben Müdigkeit, Angst, Schmerz, Verzweiflung, Freude und Liebe vor allem ein Gefühl ganz neu kennen: Demut.

Als ich aufschrieb, so richtig schwarz auf weiß für alle sichtbar, was ich mir früher alles vorstellte, wie einfach ich mir die Dinge ausmalte, da schämte ich mich. Was habe ich mir nur gedacht? Okay, offenbar nichts. Aber warum? Warum glaubte ich, das Recht zu haben, mich für die erste und einzige Mutter zu halten, die das Mom-Game durchschaut hat? Wie superpeinlich, rückblickend. Arghh! Aber hilft ja nichts, ich kann das jetzt nicht mehr ändern. Ich kann mich nur entschuldigen. Bei der gestressten Mutter beim Bäcker. Bei der ungeschminkten, ungekämmten Kollegin mit dem kleinen Kind. Bei dir. Und vor allem auch bei mir. Ich habe mich selbst völlig ahnungslos in dieses große Mutterschaftsabenteuer reintrotteln lassen. Ich habe mir naiverweise überhaupt viel zu wenige Gedanken gemacht und dummerweise gedacht, die komplette Mutterschaftsweisheit bereits mit dem Schöpflöffel gefressen zu haben. Ich hatte ja schließlich schon einmal eine Mutter gesehen. Sah einfach aus. Oder besser gesagt, unnötig kompliziert. Nicht wie etwas, was ich nicht auf einer Arschbacke absitzen könnte.

Wir haben alle schon einmal über diese superdämlichen Touristen den Kopf geschüttelt, die ohne entsprechende Ausrüstung den Mount Everest besteigen wollen und dabei so einiges nicht bedenken. Der Mount Everest ist mit einer Höhe von über 8800 Metern der höchste Berg der Welt. Die Luft in manchen Gebieten des Bergs ist so dünn, dass sie fast nicht zum Atmen reicht. Kaum ein Mensch hat die physische Befähigung, dort ohne zusätzlichen Sauerstoff auszukommen. Auf dem Gipfel ist es so kalt, dass ein Kühlschrank dagegen Sauna-Feeling erzeugt, und der Anstieg ist so steinig und steil, dass nur die Besten, nur die Trainiertesten, Gesündesten und Fittesten überhaupt den Hauch einer Chance haben. Jedes Jahr sterben Menschen bei dem Versuch, den Berg zu bezwingen. Zerschellen in Gletscherspalten und finden dort ihr ewiges eisiges Grab oder sterben an der Höhenkrankheit, an Ödemen, die sich in Lunge oder Hirn bilden, weil der menschliche Körper nicht dafür gemacht ist, auf solchen Höhen zu überleben. Und doch gibt es sie immer wieder. Die Naiven. Die Dummen. Die Überheblichen. Abenteuerlustige Trottel, die sich auf den Weg machen, etwas ganz Großes zu leisten. Ist ja schließlich nur ein Berg. Geht ja auch nur bergauf. Man war ja schließlich schon häufig wandern. Erst kürzlich im Schwarzwald.

Und so packen sie ihre Koffer und nehmen mit: eine Sonnenbrille. Sandalen. Sonnencreme LSF 7. Zwei Capri-Sonnen Orange. Einen Müsliriegel. Instagram.

Mutterschaft ist mein Mount Everest, und ich kam in Flip-Flops.

Aber was wäre gewesen, wenn ich vorbereitet gewesen wäre? Wenn ich trainiert hätte? Wenn ich ausgerüstet gewesen wäre mit den besten Wanderstiefeln, die es für Geld zu kaufen gibt? Wenn ich Guides gebucht hätte und Schlafplätze? Wenn ich die wärmste Funktionswäsche und die sauerstoffreichste Atemmaske erworben hätte? Wenn ich die Risiken gekannt hätte? Wäre das klüger gewesen? Leichter? Bestimmt, wenn wir die Metapher verlassen und den echten Berg meinen. Wenn es um Extremsport geht. Wenn es um Mutterschaft geht, bestimmt nicht.

Nichts und niemand kann einen auf die Wirklichkeit einer Mutter vorbereiten. Wir können uns Wissen anlesen oder Kurse besuchen. Aber wir werden nie wirklich verstehen, was es heißt, wenn wir Mutterschaft nicht selbst erleben. Weil wir Gefühle nicht lernen können. Weil wir die Liebe, die Angst, den Schmerz, diese ganzen krassen Emotionen fühlen müssen, um zu verstehen. Mutterschaft unterscheidet sich in Theorie und Praxis so massiv, da passen mehrere Mount Everest dazwischen. Mindestens.

Mutterschaft hat mich verändert. Sie hat meine Arroganz gepackt und aufgefressen, meine Überheblichkeit geschluckt und mich eimerweise mit Demut begossen.

Trotzdem will ich mit meinem alten Ich jetzt auch nicht zu hart ins Gericht gehen. Es ist schon schlau, dass frau nicht so ganz genau weiß, was auf sie zukommt. Jetzt mal so rein evolutionsbiologisch gesehen. Im Gegensatz zu den wenigen Sandalen-Trotteln kann ich mir zum Beispiel recht gut vorstellen, dass die Besteigung des Mount Everest weit, weit, weit, weit ... weit über meine körperlichen und seelischen Möglichkeiten hinausgeht. Ich denke, das geht der Mehrheit so. Der Mensch ist – mit Ausnahmen – grundsätzlich recht realistisch, was sein Potenzial betrifft. Wir wissen, dass wir nicht fliegen können. Dass wir keine Häuser hochheben oder zu Fuß schnell mal nach Australien laufen können. Unsere Grenzen sind uns einigermaßen klar. Wüssten wir vorher ganz genau, was Mutterschaft bedeutet, würden wir den körperlichen Schmerz einer Geburt kennen. Den Schmerz der unheimlichen Übermüdung, der Erschöpfung, des geplagten Rückens und der wunden Brustwarzen. Würden wir die Angst spüren. Diese ständige Angst ums Kind. Die Angst, zu versagen, die Angst vorm Loslassen, die Angst vorm nächsten Tag. Würden wir von den Hürden wissen – also nicht nur theoretisch –, würden wir am eigenen Leib spüren, wie die Politik die Augen vor Familien und deren Unterstützung verschließt. Würden wir die Wut fühlen. Die Verzweiflung. Die Resignation.

Würden wir wirklich alles wissen und kennen, dann würden wir den Kopf schütteln und Mutterschaft an die Spitze der Dinge setzen, die wir nie und nimmer ausprobieren wollen. Dann doch eher der große Berg ...

Rein theoretisch gesehen, ist Mutterschaft eine unmögliche Aufgabe. Viel zu groß für eine Person. Viel zu viel für einen einfachen Menschen.

Und doch rennen Frauen immer wieder lächelnd und freudig rein in dieses steinige Abenteuer, mit ihren Flip-Flops und Capri-Sonnen, jedes Mal aufs Neue naiv und überheblich. Immer wieder voller Zuversicht und ein wenig Spott. Und was soll ich sagen? Zum Glück! Würden sie es nicht immer wieder wagen, sich nicht immer wieder zutrauen, sie würden so viel verpassen.

Mutterschaft lässt dich stolpern, straucheln, zweifeln. Mutterschaft verlangt dir alles ab. Aber sie gibt dir dein Kind. Und das immer wieder. Auch in Flip-Flops.

Wehmut

~~FREUDE~~

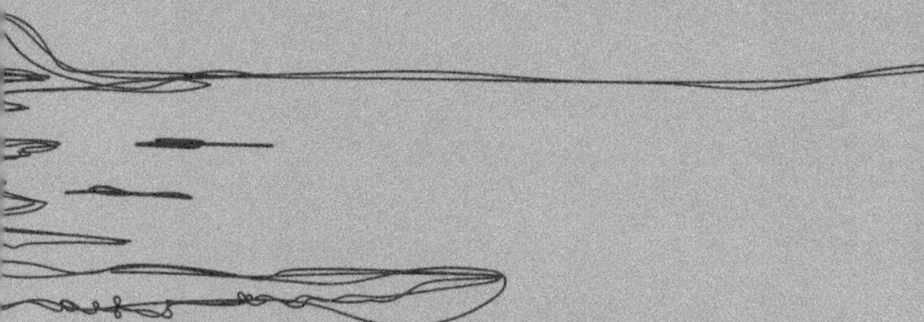

Ich lade Sie am Montag um 18:30 Uhr herzlich zum Elternabend ein.»

Was klingt wie der Anfang eines durchgenudelten Scherzes (von mir), ist der Inhalt einer Mail, die mich heute fast zum Weinen gebracht hat. Zumindest zum Schwerschlucken. Und nein, nicht weil Elternabende mich gleichermaßen unheimlich langweilen und aufgrund alter Schultraumata wahnsinnig ängstigen, so nach dem Motto: «Hefte raus, wir schreiben jetzt eine Mathearbeit» - und ich meinen Taschenrechner vergessen habe und mein Gehirn sowieso.

Der Elternabend, zu dem ich mit dieser Mail eingeladen wurde, sollte mich darüber informieren, welche Sprachwahlmöglichkeiten meine Tochter im nächsten Schuljahr hat, und ist damit so eine typische Meilenstein-Mail. Wir kennen sie alle. Diese Briefe, diese Mails, diese Nachrichten, die ein neues Kapitel im Leben des Kindes einläuten: anbei die Sozialversicherungsnummer. Hier ist Ihr Kindergartenplatz. Bitte kommen Sie zur Einschulung. Entscheiden Sie sich für eine weiterführende Schule. Etc. Etc. Etc.

Am Montag soll ich darüber informiert werden, zwischen welchen Fremdsprachen mein Kind in der sechsten Klasse wählen kann, und alles, was ich denke, ist: «Are you f****** kidding me? Ich habe sie buchstäblich gestern erst unter den schlimmsten Schmerzen meines Lebens aus meiner Körpermitte gepresst. Sie ist praktisch noch ein Neugeborenes. Steckt euch euer Romani nobis milites mittant sonst wohin. Und euer qu'est-ce que c'est gleich mit. Meine Tochter kann ‹Mama› sagen, mehr braucht sie nicht. Sie ist doch erst ... elf. Elf? Elf! OH MEIN GOTT, WANN IST DAS PASSIERT?»

Zeit ist ein komisches Konstrukt. Sie vergeht entweder zu langsam oder zu schnell. Sie fliegt dahin oder trippelt in klitzekleinen Schritten. Aber richtig und angemessen verhält sie sich nie. Ich glaube nicht, dass schon einmal irgendein Mensch gesagt hat, dass etwas genau die perfekte Dauer hatte. Das langweilige Meeting ist endlos, der Urlaub zu kurz. Beim Warten läuft die Zeit rückwärts und Geburtstage sind immer viel zu schnell vorbei. Der Januar dauert Jahre. Der Juli hingegen entwischt uns, kaum hat er begonnen. Das Leben rast oder schleicht. Alles Schöne soll ewig andauern, Lästiges bitte schnell vergehen.

Es gibt diesen Spruch: «Die Tage sind lang, aber die Jahre sind kurz.» Ich hasse prinzipiell alle Elternweisheiten, diese ganzen Poesiealbumsprüche, diesen verklärten Kitsch. Ich will auch diesen Spruch gerne hassen, muss aber leider zugeben, dass er das Leben mit Kindern und vor allem das seltsame Zeitparadoxon, in dem man als Elternteil gefangen ist, sehr gut trifft.

Folgendes Szenario: Kind unter +/– sechs Jahren, das zu krank ist, um in den Kindergarten zu gehen, aber gesund genug, um elterliches Entertainment zu fordern. So ein Tag beginnt um 05:43 Uhr und lehrt einen alles über die Unendlichkeit am praktischen Beispiel. Unendliches Vorlesen. Unendliches Legobauen. Unendliches Hörspielhören. Unendliches Puzzlepuzzeln. Unendliches Witzeanhören, deren Pointe entweder direkt am Anfang kommt oder nie. Unendliches Snacksrichten. Unendliches Peppa-Wutz-Glotzen. Unendliches Malen, Kleben, Heimverwüsten. Unendliches «Noch einmal» und «Mamaaaaa» und «Komm» und «Mir ist langweilig». Und am Ende dieser Unendlichkeit ist es erst 08:16 Uhr, und man möchte sich selber mit Uno-Karten den Hypothalamus rausschaben oder sich so viele Mensch-ärger-dich-Männchen in Mund und Nase stecken, bis man friedlich erstickt. Geht aber nicht, die Unendlichkeit geht in die nächste Runde, und der Zeitbegriff lacht einen mit breitem Gruselgrinsen aus.

Ich habe zwei Kinder. Wir durchlebten verregnete Sonntage, Erkältungen, Kitaferien und diverse Lockdowns. Ich kämpfte mich von einer Unendlichkeit in die nächste, immer in dem festen Glauben, dass die Zeit jetzt aber wirklich und ganz sicher festgefroren sei. Ich bewegte mich jahrelang auf demselben Fleck. Es ging nicht weiter, egal, wie häufig ich auf die Uhr geschaut habe. Auch nach vierundvierzigtausend Runden Mau-Mau verharrte der Zeiger auf irgendwas vor sieben Uhr. Morgens. Weil es immer morgens ist in der Unendlichkeit.

Doch plötzlich, möglicherweise hat man gerade angefangen, sich mit der Unendlichkeit zu arrangieren, redet sie sich schön, versucht sogar, zu genießen, weil ja immer alle wollen, dass man die Zeit mit seinen Kindern genießt, auch die am sehr frühen Morgen, jedenfalls plötzlich macht es Ping, und im Posteingang erscheint eine Mail und schreit dir veni, vidi, vici in die Fresse, dein Kind ist groß, trägt deine Schuhe und schläft bis mittags.

Die Ewigkeit ist genau dann vorbei, wenn du nicht damit rechnest, und hat direkt mal noch ein paar Jahre im ultraschnellen Zeitraffer mitgenommen. Und dann stehst du da, blickst zurück, und der Kloß im Hals drückt dir die Tränen aus den Augen. Verdammt, wo ist mein Baby? Wie konnte das passieren? Nur noch einmal einen Tag Unendlichkeit früh um sechs, mehr verlange ich doch gar nicht. Einmal noch den Babygeruch riechen. Die kleinen Füße kitzeln. Einmal noch tragen und stillen. Feuchte Küsse und gluckerndes Lachen. Einmal noch erste Worte und erste Schritte. Wo ist die Rückspultaste? Wie schnell vergeht Unendlichkeit?

Ich liebe meine Kinder in jeder Größe, in jedem Alter, als Baby, als Kind, und so wird es bleiben, bis wir alle alt und runzelig sind und darüber hinaus. So wie sie gerade sind, sind sie immer perfekt. Aber je älter sie werden, desto häufiger muss ich Abschied nehmen. Von Lebensphasen, von Entwicklungsstufen. Oft bleibt es unbemerkt. Aber manchmal kommen solche E-Mail-Momente, und dann klatscht sie dir eiskalt in den Nacken. Die Wehmut. Und du musst weinen, weil das Kind Spatzen nicht mehr Piepmatz nennt, sondern Passer domesticus.

Auf meinem Dachboden steht eine Kiste, in der ich Erinnerungsstücke an meine Kinder sammle. Ein winzig kleines Mützchen, das mit einem Band unterm Knubbelkinn zusammengebunden wurde. Ein Söckchen, so klein wie ein Fingerhut. Ein Schnuller, das Gummi schon porös. Die erste Zeichnung, bestehend aus einem Strich und etwas, das ein Igel sein könnte, die aber mich darstellen soll. Eine Spieluhr, deren Mechanismus vom vielen Aufziehen beschädigt ist, sodass sie La-Le-Lu nun in einer sehr experimentellen Version spielt. Der erste verlorene Milchzahn. Ein Schuh in Größe 19. Ein Lätzchen mit Karottenfleck, der nie rausging, obwohl ich es tagelang in die Sonne gelegt habe. Ultraschallbilder voller zuckersüßem grauen Gekrissel. Ein Schwangerschaftstest (positiv).

Diese Schachtel ist mein kostbarer Schatz. Mein «Weißt du noch?». Mein «Oh Gott, wie klein». Mein «Wo ist die Zeit geblieben?». Das Öffnen dieser Box öffnet auch die Rückhalteschranken meiner Tränenkanäle und macht mich zu einem sentimentalen Wrack. Mein Körper, meine Seele werden von Wehmut geflutet. Von «Ich will diese Zeit zurück». Doch Wehmut ist ein tückisches Gefühl. Ein Fake-Gefühl. Wehmut packt sich alle Filter und Weichzeichner auf sein tricksendes Antlitz, die Instagram so in petto hat, und spiegelt dir eine Vergangenheit vor, die so nie und nimmer stattgefunden hat. Sie erzählt dir ein Märchen, gegen das selbst der kitschigste Disney-Film wie die knallharte, stahlgraue Realität daherkommt. Wehmut macht alles, was war, rosa und hellblau. Zuckersüß und romantisch. Und bringt dich dazu, sofort wieder loslegen zu wollen mit der Babyfabrikation. Ich bin mir sicher, wenn ich mit 85 die Erinnerungskiste öffne, wird mein alter Körper sofort alle Kräfte mobilisieren und einen Eisprung zustande bringen. Ich verliere dabei vielleicht mein Augenlicht oder ein Körperteil, weil etwas Schwund fällt bei dieser Anstrengung halt schon an, aber Hauptsache, Babygeruch und klitzekleine Zehen. Und ja, natürlich war es schön, als die Kinder kleine brabbelnde Wonneproppen waren. Es war kuschelig und niedlich. Zauberhaft und süß. Aber es war halt auch super-, super-, super- (unendliches Super) anstrengend. Kräftezehrend, langweilig, eintönig, fremdbestimmt. Und man war permanent in einer trostlosen frühmorgendlichen Ewigkeit gefangen. Lügenwehmut einfach, das zu verschweigen.

Dennoch gehen wir der Wehmut immer wieder auf den Leim und werden als Eltern ständig mit Situationen konfrontiert, die uns hachzend zurückblicken lassen. Viel zu viel Wertvolles geht im Alltagstrubel unter, oder wir messen ihm keine Bedeutung bei. Wenn ich meine elfjährige Tochter umarme, kann ich mein Kinn auf ihrem Kopf ablegen, und meine Shirts finde ich immer häufiger in ihrem Schrank. Heimlich gemopst. Ich weiß nicht, wann ich sie zuletzt auf dem Arm gehabt habe. Egal, wie doll ich mich anstrenge, es will mir einfach nicht einfallen. Aber es muss Jahre her sein. Dabei hat dieses Kind die erste Hälfte ihres Lebens praktisch auf meinem Arm gewohnt. Monatelang schlief sie sogar nur und ausschließlich auf meinem Arm. «Mama, Arm!» war ihr erster und am häufigsten verwendeter Zweiwortsatz. Zwei Worte, die mich an manchen Tagen beinahe in den Wahnsinn getrieben haben. Ich habe mit Kind auf dem Arm gekocht, eingekauft, telefoniert, gearbeitet. Ich habe einarmige Fähigkeiten entwickelt, von denen ich annahm, dass sie mir zeitnah eine große Nummer im Zirkus bescheren würden. Akrobatik mit Kind auf dem Arm. Die einarmige Elefantenreiterin. Oder Löwendressur mit Kleinkind. Doch dann: piff, paff – plötzlich vorbei. Und ich habe keine Ahnung, wann das passiert ist.

Wäre es nicht viel fairer und absolut angemessen, wenn man beim letzten Mal einen kleinen Hinweis bekäme? Ein kurzer Piep, ein Signallicht, eine Stimme aus dem Off, die einen warnt? Wir tun als Mütter so viele Dinge gefühlt in Endlosschleife. Einschlafbegleitung. Wickeln. Tragen, Schnuller suchen, Fläschchen kochen, anziehen, umziehen, singen, Zähne putzen, ermahnen, erklären, vormachen. Das mag zwischendurch schön sein, ist aber vor allem durch seine hamsterradähnliche Wiederholung zermürbend. Und wenn wir dann das letzte Mal tragen oder einschlafbegleiten, das letzte Mal La-Le-Lu singen und den bescheuerten Schnuller hinterm Sofa suchen, wäre es doch das Mindeste, dass wir wüssten, dass dies das Ende darstellt. Jeder verdammte Dorfsportvereinsmarathon hat eine Ziellinie, nur Elternschaft läuft ins Leere.

Ich will den Rausch des Glücks erleben, wenn ich es endlich nach 42,195 Mutterseinskilometern geschafft habe. Ich will, dass die Sektkorken knallen und der Bürgermeister eine Rede hält. Ich will einen Scheck der örtlichen Sparkasse über 150 Euro und ein kostenloses Girokonto für ein Jahr. Ich will angewelkte

Rosen mit Schleierkraut und einen Zweizeiler im regionalen Ortsblatt.

Aber vor allem will ich bewusst erleben dürfen. Ich will die Chance haben, Abschied zu nehmen. Tschüss zu sagen zu den nervigen Dingen, die rückblickend schön und kostbar sind, weil man die Anstrengung und den Schmerz so schnell vergisst. Ich will kurz innehalten dürfen und dieses Wissen haben. Ein leises Servus. Ein letzter Gruß. Das steht mir zu! Ich habe schließlich so hart dafür gerackert.

Elternschaft ist ein ständiger Abschied, doch – und jetzt kommt das Beste – auch ein ständiges Willkommen. Das müssen wir uns bei all der Wehmut unbedingt klarmachen. Sonst verpassen wir nicht nur das Ende, sondern auch noch den Anfang. Das Auto mag zwar kein Brummbrumm mehr sein, dafür kann das Kind dir jetzt die Reifen wechseln und: Wie geil ist das denn?

Lifecoaches würden jetzt aufgepeitscht dazu raten, das eigene Mindset zu ändern. Sie würden das Wort Ende mit Buchstaben aus dem Scrabble-Spiel der Oma so umkonstruieren, dass «Beginn» daraus wird, und dafür 350 Euro die Stunde verlangen. Dabei würden sie auf einer Bühne auf und ab springen und so tun, als hätten sie den Heiligen Gral gefunden.

Mein einziger Rat, den ich zu dieser ganzen Thematik völlig kostenfrei erteilen kann, ist, egal, wie sehr euch die Wehmut gerade packt, nehmt elfjährige Kinder einfach nicht auf den Arm. Ein Bandscheibenvorfall nervt ungemein.

Liebe
HASS

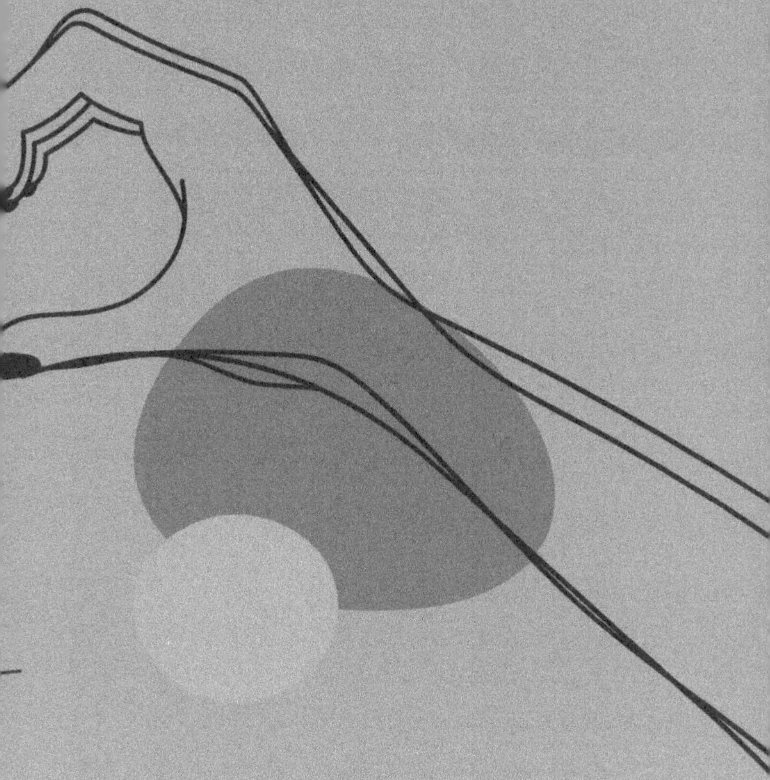

Mutterliebe ist eine Schlüsselerfindung der Natur, aus der sich alle anderen Formen der Bindung zwischen Menschen entwickelt haben»[11], sagt der österreichische Verhaltensforscher Irenäus Eibl-Eibesfeldt.

«Sie ist der Ursprung von Mitempfinden, Mitleid, romantischer Liebe zwischen Erwachsenen und auch aller höheren Formen von Geselligkeit. Ohne Mutterliebe wären Menschen wahrscheinlich wie die Galapagos-Echsen, die zwar gesellig dicht beieinander leben, die einander aber nichts Freundliches tun können.»[12]

Ich bin ein großer Fan der Wissenschaft. Ich lasse mir Dinge gerne logisch und faktenbasiert erklären. Oben zitiere ich aus einem Spiegel-Artikel, der sich mit der Mutterliebe befasst. «Das stärkste Gefühl entschlüsselt» lautet seine Überschrift, untertitelt von: «Mutterliebe ist der Kitt für die erste Bindung im Leben und bei Mensch wie Tier ein großes Rätsel des Verhaltens. Forscher beginnen zu verstehen, wie sich das tiefste Gefühl der Natur entwickelt, wie es Gehirn und Verhalten beeinflusst – und warum es manchmal versagt.»

Ein sehr interessanter Artikel. Er handelt von dem Hormon Oxytocin, auch bekannt als Bindungshormon, das vor allem unter der Geburt, aber auch durch Hautkontakt ausgelöst wird. Er beschreibt, wie fatal es für die Mutter-Kind-Bindung sein kann, wenn ein Säugling der Mutter sofort nach der Geburt entzogen wird, und wie wichtig es ist, dass soziales liebevolles Verhalten über Generationen weitergegeben und gelehrt wird.

Mutterliebe also ein Gemisch aus Hormonen und erlerntem Verhalten?

Wiederum gibt es Stimmen, wie die der Wissenschaftlerin und Autorin Elisabeth Bronfen, die den Begriff Mutterliebe als ein Konstrukt aus dem 18. Jahrhundert erklärt. Der Philosoph Jean-Jacques Rousseau habe in seinen Texten zum Naturzustand als einer der Ersten behauptet, es gebe ein harmonisches Bündnis zwischen Kind und Mutter. Ein Kernbündnis. Die Mutter durch Bindung Verantwortliche für das Kind. Liebevoll und selbstlos. Und das naturgemäß.

Mutterliebe als Erfindung, um die Art zu erhalten? Gegen Abstoßung und als Zwang zum Hegen und Pflegen?

Und natürlich hat auch die Bibel eine ganz eigene Sichtweise auf die Mutterliebe. In der Bibel ist Mutterliebe ein Bild dafür, wie sehr und bedingungslos Gott die Menschen liebt. In Jesaja, Kapitel 66, Vers 13, da sagt Gott: «Ich will euch trösten, wie eine Mutter ihr Kind.»

Aha!

Wissenschaft. Philosophie. Glaube. Drei mächtige Disziplinen mit schlauen Thesen und gefestigtem Wissenshintergrund. Also meistens. Ich weiß nicht, inwieweit Gott eine fundierte Quelle ist. Sei's drum.

Jedenfalls ist Mutterliebe ein wirklich viel besprochenes Thema. Allein die Google-Suche zeigt 1,3 Millionen deutschsprachige Ergebnisse. Vaterliebe hat übrigens nur 243 000 Treffer. Allein über diese Diskrepanz ließe sich ein komplettes Buch schreiben. Wobei, das gibt es wahrscheinlich schon.

Wenn man Google ein weiteres Mal bemüht, findet sich auch eine Definition zur **Mutterliebe**:

> *Grammatik:* Substantiv (Femininum) ·
> Genitiv Singular: Mutterliebe ·
> wird nur im Singular verwendet
> *Aussprache:* [ˈmʊtɐˌliːbə]
> *Worttrennung:* Mut|ter|lie|be
> *Wortzerlegung:* Mutter Liebe
> *Bedeutung:* fürsorgliche, opferbereite Liebe
> einer Mutter zu ihrem Kind[13]

Mutterliebe kann aus vielen Perspektiven betrachtet werden. Wissenschaftlich, philosophisch oder theologisch müssen das andere tun. Dazu bin ich nicht geeignet. Ich kann lediglich aus meiner Sicht berichten. Aus der einer Betroffenen.

Seit vielen Jahren kann ich mir jetzt schon die Diagnose Mutterliebe auf die Brust schreiben, und es gibt keinen Tag, an dem sie sich nicht bemerkbar macht. Auf tausend verschiedene Arten. Immer wieder neu.

Und deswegen bin ich auch spätestens bei der Definition der Mutterliebe raus. Leute, so geht das doch nicht! Liebe ist doch kein theoretisches Konstrukt. Liebe ist Praxis. Und vor allem ist Liebe für jede fühlende Person individuell. Das kann man doch nicht verallgemeinert in eine Definition pressen. Als würde es nur so und keinesfalls anders gehen. Dabei sind Gefühle einzigartig. Bestimmt ist meine Liebe anders als deine. Die von Julia anders als die von Claudia. Nicht stärker oder schwächer. Nicht mehr oder weniger. Aber eben anders. So wie auch die Liebe zu jedem Kind einzigartig ist. Ich liebe meine Kinder nicht unterschiedlich stark, aber jedes einzelne individuell. Nicht vergleichbar und noch weniger verhandelbar.

Auch inhaltlich habe ich große Probleme mit der Definition zur Mutterliebe. Im Besonderen mit dem Wort opferbereit. Opfer. Das klingt nach Leid. Das klingt nach völlig am Boden. Das klingt nach dem kompletten Hintanstellen der eigenen Bedürfnisse. Das klingt nach Selbstaufgabe und verschwinden. Es klingt nach dienen und leiden. Und das zeigt sich bedauerlicherweise auch häufig. Mütter treten gegeneinander in einem Mutterliebe-Wettbewerb an. Wer schläft weniger? Wer kümmert sich mehr? Wer kocht ausschließlich bio und isst am Ende selbst nur die kalten Reste der Kinder? Welche Mutter hat es am schwersten, welche trifft es am härtesten, welche opfert sich am meisten auf? Welche ist die kaputteste und somit die am meisten mutterliebende?

Denn genau darin liegt das große Missverständnis. In der Verknüpfung von Aufopferung und Mutterliebe. Diese lässt in den Köpfen und den Herzen von Müttern oft die Annahme entstehen, ohne Aufopferung wäre die Liebe nicht richtig. Nicht genug. Nicht ausreichend. Nichts wert. Als würde sich die Mutterliebe daran messen lassen, wie weit sich die Mutter den Popo für das Kind aufreißt. Nur die Mutter, der es schlecht geht, nur die Mutter, die alles, alles, alles und noch viel mehr gibt für ihr Kind, mache es richtig mit der Mutterliebe.

Tja, auch ich bin diesem Missverständnis, dieser fatalen Verpaarung von Mutterliebe und Aufopferung aufgesessen. Ich liebe meine Kinder sehr. So sehr, dass die Spannweite meiner Arme nicht im Ansatz genügen würde, es zu zeigen. So sehr, dass bis zum Mond und zurück dagegen einen kleinen Spaziergang darstellt. So sehr, dass mir das Herz manchmal schwer wird vor lauter Liebe. So sehr, dass jede*r es sehen soll, dass jede*r es wissen soll, dass es nie in Zweifel gezogen werden darf. Und darum habe ich mich aufgeopfert. Um meine Liebe unmissverständlich klarzumachen. Deutlich nach außen. Zu erkennen für jede*n. Weil man das so tut als Mutter laut Definition, laut einhelliger Annahme. Und so bin ich über meine Grenzen gegangen. Habe mir keine Hilfe geholt. Habe mich hintangestellt. Habe mich übergangen, vergessen und vernachlässigt. Wurde zur aufopferndsten Mutter von allen. Immer noch ein bisschen mehr als andere. Immer noch ein bisschen schlimmer dran. Immer müder. Immer ausgelaugter. Immer überarbeiteter. Damit ja niemand auch nur ein bisschen an meiner Mutterliebe zweifeln konnte.

Denn das geschieht sehr schnell:

> «Was, du fährst alleine am Wochenende weg?
> Na ich würde meine Kinder ja vermissen.»

> «Was, du backst zum Geburtstag deiner Kinder
> nicht selbst? Aber das würde ihnen doch viel
> besser schmecken.»

> «Was, du hast einen Babysitter, bringst dein Kind
> in die Krippe/den Hort/die Ferienbetreuung?
> Also ich habe meine Kinder ja gerne um mich.»

All diese Sätze implizieren letztlich nur, dass du nicht genug liebst. Und das ist ja wohl das Schlimmste, was man einer Mutter vorwerfen kann.

Es ist aber halt auch ein superperfides und wirksames Mittel, Mütter an Kind, Küche und traditionelle Rollenbilder zu fesseln. Ganz einfach, ohne dass sie es bemerken. Schlau, schlau. Wer sich das wohl ausgedacht hat? Patriarchat, ick hör dir trapsen ...

Fast alle Mütter, die ich kenne, sind ständig völlig erschöpft. Sie begegnen mir mit Augenringen, übermüdet und immer im Stress. Natürlich hat dies viele Gründe. Von Kitaplatzmangel bis zu ausgefallenen Schulstunden. Von unflexiblen Arbeitszeiten bis zu fehlender Hausaufgabenbetreuung. Von Mental Load bis halbe Nacht durchgespuckt. Von alleinerziehend bis Armut. Von Sorgen bis Ängste. Von fehlender Unterstützung bis Krankheit. Von Schreibaby bis «Wir machen es Familien gerne so schwer wie möglich». Von Mama bis MAAAAMMAAAAAA!!!

Doch warum wird Müttern so wenig geholfen? Warum werden Mütter mit dem ganzen Scheiß meist alleingelassen? Ganz einfach: Weil angenommen wird, dass Mutterliebe die Last locker mit dem kleinen Finger trägt. Als würde Mutterliebe eine Frau mit Superkräften ausstatten. Als würde man aus Liebe nicht mehr essen, schlafen, trinken, alleine auf Toilette müssen.

Als könne man aus Liebe dauerhaft mit einem Minimum an Selbstfürsorge leben. Die Liebe als mütterliche Batterie. Stets vollgeladen, mit endloser Kapazität. Und diese Liebesbatterie sorgt dafür, dass Mutti alles wuppt, alles packt, und das auch noch freudig. Weil, wenn nicht, dann stimmt vielleicht etwas mit der Liebe nicht, und die ist doch mütterlich angeboren ... PUH!

Ich habe Herzschmerz und Wut beim Schreiben, weil genau das so passiert und weil genau das Mütter meiner Generation in den Burn-out und die Krise treibt. Wehren wir uns gegen das Hamsterrad, gegen die Aufopferung, gegen das Kaputtmachen, wird uns die Liebe zu unseren Kindern abgesprochen, und weil wir das nicht riskieren wollen, machen wir weiter. Und weiter. Und weiter. Doch letztlich ist es die Rabenmutterangst, die uns antreibt, nicht die Mutterliebebatterie. Die Angst ist real, die Superkraft, aus Mutterliebe geschöpft, leider nur eine Idee. Eine toxische.

Kinder lernen durch Nachahmen. Sie schauen zu, wie wir essen, wie wir gehen, wie wir sprechen. Und sie übernehmen unsere Handlungen. Sie schauen sich aber genauso ab, wie wir uns selbst behandeln. Sind wir gut zu uns? Wie gehen wir mit uns um? Nehmen wir uns Zeit für uns selbst? Wahren wir unsere Grenzen? Und daher ist es nicht nur für uns selber wichtig, auf uns zu achten, es ist auch für unsere Kinder notwendig. Damit sie lernen, gut zu sich zu sein. Weil eben auch das Mutterliebe ist, zu lehren, auf sich aufzupassen. Sich selbst zu respektieren. Eigene Grenzen zu kennen. Nein sagen zu können.

Wir können nur geben, wenn wir etwas zu geben haben. Mütter sind Menschen. Ohne Superkräfte, Stromquelle oder Motor. Wir brauchen Pausen. Wir brauchen Ruhe. Wir brauchen Freiraum. Wir brauchen Quatsch mit Freund*innen und Zeit für die Partnerschaft. Wir brauchen Mittagsschläfchen auf der Couch und Serienmarathons ohne Kind auf dem Schoß. Wir brauchen Shoppingnachmittage und Kaffee in völliger Stille. Wir brauchen andere Erwachsene und in Ruhe den Tampon wechseln, ohne dabei menstruieren kleinkindgerecht zu erklären. Wir brauchen es, einfach nur wir selbst sein zu dürfen. Selbst mal klein zu sein. Ohne Verantwortung.

Doch ist es nicht absurd, das überhaupt sagen zu müssen? Sollte das nicht völlig selbstverständlich sein? Lasst uns dafür sorgen, dass es so wird. Ganz normal. Nicht erklärungsbedürftig. Wenn in der Gesellschaft und in unseren Herzen endlich ankommt, dass Mutterliebe nichts mit Aufopferung zu tun hat, sind wir schon einen ganzen Schritt weiter. Kinder erziehen, Kinder aufziehen, ist superanstrengend. Da sollten wir uns nicht noch durch krude Missverständnisse weiter in den mütterlichen Wahnsinn treiben lassen müssen.

Mutterliebe. Klingt einfach, ist es aber nicht immer. Wir wissen jetzt, dass Mutterliebe als Superkraft missverstanden wird. Mutterliebe kann aber auch aus anderen Gründen unheimlich anstrengen. Wir sind uns bestimmt darüber einig, dass Kinder Liebe brauchen. Tatsächlich gab es im 13. Jahrhundert mal das perverse Experiment von Kaiser Friedrich II., der in einem Versuch Babys zwar körperlich versorgen ließ, aber jegliche Ansprache und Zuwendung verbot. Die Kinder starben alle. Weil Fürsorge, Nähe und Zuwendung existenziell für das Überleben von Kindern sind.

Tatsächlich ist Liebe aber gar nicht immer einfach. Liebe funktioniert nicht auf Knopfdruck. Die Vorstellung, direkt nach der Geburt (die im Übrigen ein emotionaler Ausnahmezustand ist) von Mutterliebe durchströmt zu werden, ist romantisch und wunderschön. Jetzt aber nicht unbedingt immer wahr. Liebe kann einschlagen wie ein Blitz. Liebe kann aber auch langsam wachsen. Beides richtig. Beides gut. Beides nicht weniger wertvoll.

Liebe ist nicht absolut. Neben der Liebe haben auch ganz viele andere Gefühle Platz. Meine Kinder treiben mich an manchen Tagen zur Weißglut. Weil vielleicht das allererste «Mama» aus dem Mund eines Einjährigen noch niedlich sein mag, das dreihunderttausendste Mal an einem Tag sich jedoch anfühlt wie ein Schaschlikspieß im Trommelfell. Weil sie mir nicht zuhören. Weil sie nicht aufräumen. Weil sie streiten. Weil sie sich weigern. Weil sie ihre schlechte Laune an mir auslassen. Weil sie alles dreckig machen. Weil sie laut sind. Weil sie Essensreste unterm Bett lagern. Weil sie keine Hausaufgaben machen wollen. Weil wegen allem. Und das, meine Damen und Herren, ist völlig normal und legitim. Liebe malt nämlich nicht alles rosarot. Und gerade, weil Kinder unsere Liebe am allernötigsten brauchen, wenn sie sich so gar nicht liebesmäßig verhalten, ist Liebe manchmal auch ein hartes Stück Arbeit. Und das, obwohl alle meinen, Liebe trage alles. Was für eine Lüge!

Mutterliebe kommt mal laut und mal leise. Sie verändert ihr Gesicht. Sie überfällt dich oder schleicht heran. Sie verursacht die größten Ängste oder das größte Glück. Oft auch beides gleichzeitig. Aber vor allem ist Mutterliebe kein Wettbewerb. Sie findet zwischen dir und deinem Kind statt. Sie muss nicht bewiesen werden durch den tollsten Kindergeburtstag oder den wenigsten Schlaf. Liebe verlangt keine Opfer. Liebe lässt sich nicht definieren oder entschlüsseln. Liebe ist nicht zu vergleichen oder zu bewerten. Liebe ist. Also, liebt doch, wie ihr wollt!

Dank

Um dieses Buch, so wie du es jetzt in den Händen hältst, herzustellen, brauchte es viele Menschen. Ein ganzes Team toller Leute. Jedem von euch gilt mein Dank.

Das Schreiben selbst ist aber eine einsame Angelegenheit. Nur ich und mein Computer. Deswegen danke ich bei diesem, meinem vierten Buch namentlich nur einer Person: mir selbst.

Liebe Marlene, danke, dass du es mal wieder durchgezogen hast. Against all odds und Selbstzweifel. Against keine Lust und zu müde. Against wer will das schon lesen und jetzt fällt mir aber wirklich nichts mehr ein. Also, danke ❤

Anmerkungen

Sämtliche Internetquellen wurden zuletzt abgerufen am 1. November 2023.

1 https://www.zeit.de/zett/2020-05/mom-guilt-von-dem-gefuehl-niemandem-gerecht-zu-werden

2 Mierau, Susanne: Geborgene Kindheit. Kinder vertrauensvoll und entspannt begleiten. Kösel Verlag 2020, S. 137–139.

3 https://www.sueddeutsche.de/projekte/artikel/gesellschaft/heimweh-kinder-tipps-e827920

4 https://www.sueddeutsche.de/gesundheit/deutschland-schlaf-baby-kleinkinder-geburt-schlafmangel-1.4345578

5 https://www.spektrum.de/magazin/was-bei-schlafmangel-im-gehirn-passiert/1557080

6 https://www.spektrum.de/lexikon/biologie/ammenschlaf/2900

7 https://www.spiegel.de/panorama/bildung/bertelsmann-studie-fuer-2023-fehlen-fast-400-000-kitaplaetze-in-deutschland-a-42665fec-f6a1-41a6-a4bd-66efcc3e5fda

8 https://www.spiegel.de/panorama/bildung/kitas-in-nordrhein-westfalen-zahl-der-gewalt-meldungen-stark-angestiegen-a-be929358-95ab-4dbb-85cc-f7f67f4ec1c8

9 https://www.destatis.de/DE/Presse/Pressemitteilungen/2022/03/PD22_N012_12.html

10 https://www.xn--muttertt-pltzlich-alles-anders-1sc49c.de

11 https://www.spiegel.de/wissenschaft/mensch/mutterliebe-das-staerkste-gefuehl-entschluesselt-a-415306.html

12 Ebd.

13 https://www.dwds.de/wb/Mutterliebe

Marlene Hellene, geboren 1979, begeistert auf X und Instagram mit ihren Texten und Posts. Artikel der Autorin erscheinen u. a. in der *SZ*, bei *Zeit Online* und in Elternmagazinen. Ihre Bücher «Man bekommt ja so viel zurück» und «Zu groß für die Babyklappe» waren Bestseller. Sie lebt mit ihrer Familie in Karlsruhe.

X: *Lilli Marlene* @MarleneHellene
Instagram: @marlenehellene